生活とあそびで育つ子どもたち

河添理論の保育実践

丸山美和子 ——監修
今井寿美枝 ——編著

大月書店

監修にあたって──丸山美和子

　私が、「児童デイサービス　チャイルドハウスゆうゆう」の施設長である今井先生に初めて会ったのは、父である河添邦俊が亡くなって間もなくのことでした。その後17年間のお付き合いです。

　今井先生は、会うと毎回必ず「先生、子どもがホントに変わるんですよ。ホントなんですよ。もう、楽しくって、楽しくって……」と、「本当」ということばにとても力を込めて、ニコニコしながら話してくださいます。その顔はいつも笑顔で、瞳がきらきらと輝いていました。障がいのある子どもの療育実践が楽しくて仕方ないようです。

　本書は、その今井先生を中心に、河添理論をていねいに実践してきた療育の記録です。大きな特徴は、毎日の生活と遊びを大切にしているということです。睡眠や食事を中心とする生活を健康で規則正しいものに確立し、しっかり体と手を使い、しかも声を出して笑うような楽しい活動を子どもに保障しています。その中で、障がいのある子どもが豊かに育ち、その症状が軽減し、生きづらさが解消されつつあります。子どもの発達保障の土台となるのは、毎日の健康な生活と楽しい遊びなのです。

　保護者も育っています。障がいのある子どもを育てる保護者の生活上の悩みはきわめて具体的です。偏食はどうすれば治るのか？　食事中に立ち歩く子どもは、どうすれば座って食べられるようになるのか？　どうすればおむつが取れるのか？　指吸いはどうすれば……等々。それらにていねいに答えながら、生活の仕方を具体的に援助しています。保護者が子育てを学んでいるのです。保護者が変わることで子どもが変わり、子どもが育つことで保護者がより育っています。

　本書は、障がいのある子どもだけでなく、基本的な子育てについて学ぶことができる本になっています。ぜひ多くの方に読んで欲しいと強く願っています。

本書の出版にあたって——河添幸江

　このたび『生活とあそびで育つ子どもたち』が出版されましたこと、私は心から大変嬉しく思っております。
　今は亡き夫河添邦俊が生涯をかけて「子どもに何らかの、弱さや障がいがあった場合、それを軽減・克服するためには、どうしたらよいのか」を研究し続けてきました。そしてそれには身体（脳を含む）の働きから、一日の生活の仕方を改善することが大事だということを見つけました。そこで、数知れない多くの子どもに接し、その父母とともに生活の仕方を改善し、目覚ましい実績を収めてきました。その一日の生活の仕方を"18項目"にまとめ、具体的に提言してきました。
　この提言を「チャイルドハウスゆうゆう」の今井寿美枝先生たちは河添から直接指導を受け、なお彼が他界して17年にもなるのに一貫してその意味・内容を学び続け、実践を重ねてこられました。その経過や成果をここにまとめられました。
　弱さ・障がいのある子どもを中心にして、父母と「チャイルドハウスゆうゆう」の指導者の方が一体となって長年にわたって誠実に、愛をこめて実践された大変貴重な記録です。
　河添が「子育てに、愛と科学と実践を」と、基本的に人間を大事にし、愛した内容を、18項目にして提言してきましたが、この『生活とあそびで育つ子どもたち』はまさにこれをていねいにきめ細やかに正確に実践をし続け、そして得た教訓が記録されています。ですからどなた様が読まれてもきっとお役に立つものと思います。それは、いつの場合も子どもを中心にして、子どもの成長を願うお父さんお母さん・指導員の三者が一体になって、楽しさを追求しながらの実践があるからでしょう。そしてそのなかで、目を見張る成果がみられるからです。
　ここでは、父母だけが頑張り、指導者がサポートする姿ではなくて、い

つでも皆が一緒に取り組み、一緒に育ち成長している姿を見ることができます。それが子ども一人ひとりの弱さを克服したり、成長・発達をするのに大きな成果をもたらしているのだと思います。

　私は「チャイルドハウスゆうゆう」に参加し、長年見守ってきた者として、いつも感激や感動をしてきました。今回改めてここに参加した一人ひとりの子どもさん、お父さん、お母さん、すべての指導員、サポーターの方々に大きな心からの拍手をお贈りしたいと思います。

もくじ

監修にあたって──丸山美和子 ・・・・・・・・・・・・・・・・・・003
本書の出版にあたって──河添幸江 ・・・・・・・・・・・・・・004
はじめに・・008
「チャイルドハウスゆうゆう」の概要・・・・・・・・・・・014
「ゆうゆう」で大切にしていること・・・・・・・・・・・・・017

第1章　河添理論と保護者の取り組み ・・・・・・・019
1　河添理論18のポイント
2　保護者に取り組んでもらうこと
   ①眠るために
   ②食べて排泄するために
   ③笑い合って遊ぶために
   コラム①　記録をしています
   コラム②　体験をすることを大切にしています

第2章　「ゆうゆう」での実践 ・・・・・・・・・・・・・・・・041
　一日の生活のながれ
1　朝の親子での活動
2　全身を十分に使った遊びⅠ
　　コラム③　河添邦俊先生から学んだ発達の順序性と、はうことの大切さ
3　全身を十分に使った遊びⅡ
4　指先を使う遊びの時間
5　手遊びと絵本の読み聞かせ
6　午前中の眠り（午睡）準備の時間
7　午睡の時間
8　午睡後の活動と昼食準備
9　昼食（母の手作りお弁当）
10　昼食後の遊び
11　午後遊びの時間
12　間食と降園
13　保護者支援としての午後の面談
　　コラム④　河添先生から学んだ笑顔の大切さ

第3章　事例編　子どもの育ち ･･･････････ 085
　事例1　通園したその日から変わったひで君
　事例2　振顫が少なくなったそう君
　事例3　薬に頼らず健康になったゆーちゃん
　事例4　パニックや自傷行為がなくなったあーちゃん
　事例5　補聴器が不要になり歩けるようにもなったたくま君
　事例6　親の笑顔が子どもを変える
　事例7　姿勢がよくなり、認識力がついた旭君
　事例8　10歳からの出会い
　遺　志
　コラム⑤　河添先生から学んだ眠りの大切さ

第4章　保護者の声 ･････････････････････ 117
　①笑顔で向かい合う
　②障がいの有無にかかわらず発達のみちすじは同じ
　③生活リズムを規則正しく
　④愛は手づくりの食事で伝える
　⑤排泄はできると信じて待つ
　⑥親の対応を変えれば子どもは変わる
　⑦大人は言動に責任を持つ
　⑧継続は力なり
　⑨ほめ方・叱り方には心を込めて
　⑩自傷行為・他害行為・気になる行為には惑わされない
　⑪これが"ゆうゆうの保護者"です

おわりに ･････････････････････････････････ 175

はじめに

　子どもが育つために大切なことは……

眠ること／食べること／遊ぶこと
　そして、
家庭におとうさん・おかあさんの笑顔があること
　です‼
　日中の活動で、脳と心とからだが活き活きするために必要なのが眠りです。人間には、夜眠らないと作れないホルモンがたくさんあり、心を穏やかにするのも日中活き活き学習（仕事）できるのも、夜の睡眠の中で分泌されるいろいろなホルモンの作用があるからだそうです。ホルモンの分泌リズムが崩れると不調をきたしたり病気になりやすかったり、不登校の原因にもなるようです。夜の眠りを充実させるためには、もちろん、日中に活き活きと楽しく遊ぶ時間・遊ぶ空間・遊ぶ相手（人間）という環境が大切なことは言うまでもありません。中でも〝人と人とが笑い合う〞ということを最も大切に考えています。笑いを表現できるのは人間だけだからです。ですから、日中に笑い合える充実した遊びを保障するという視点からもっと詳しく言い替えるなら……
笑い合って遊ぶこと／食べて排泄すること／静かな暗闇で眠ること
　が大切です‼
　更に家庭に子どもの心の拠りどころとなるおとうさん・おかあさんの温かな笑顔があることが、子どもの育つ力をつけると感じています。

　子どもの笑顔が溢れている生活はとても楽しいですね。でも、子育ては親自身がよかれと思うことでも子ども側がどう感じるか、どう受け取るかによって変わるので難しいです。思い通りにならぬ子育てに行き詰り、苦

しい時は当然のことですが、親の表情が暗くなります。親の表情が暗いと子どもの表情も暗くなり、暗さや憂鬱さが家庭内に広がっていきます。ですが、苦しく思うそんな時こそ子どもに笑顔を向けてみてください。2～3日で諦めないで毎日まいにち笑顔を向け続けてみてください。親の笑顔で子どもは必ず変わります。初めは作り笑いでも良いのです。あなたの笑顔にきっと子どもが笑顔を返してくれる日がくることでしょう。笑顔と笑顔で向かい合えば"可愛い""愛しい""あなたのことが大切"という本来持っていた気持ちがよみがえり、心からの輝く笑顔を取り戻せます。その輝く親の笑顔に、家族みんなの笑顔が輝き、子育ての楽しさを取り戻せることでしょう。

　さて、もしもあなたが子どもの発達に弱さや遅れを感じた時、あるいはお医者様から障がい名を告げられたとしたら、どんな思いを持たれるでしょう。不安・焦り・悩み・苦しみ・絶望するかもしれません。でも、あきらめないでください。弱さや遅れや障がいは、軽減していけるのです。特別な道具もお金もいりません。毎日の家庭での生活の中で子どもの眠る・食べる・遊ぶという一日の**生活リズムを整えること**と、**親が輝く笑顔を向けていくこと**で軽減することができるのです。我が子を心から"かけがえのない大切な子ども""可愛い""大好き"と思え、子どもに心からの笑顔を向けられるようになった時にはじめて<u>「親の愛」で子どもは変わります</u>。親だけではなくその子どもに関わる大人が、その子どもを"大切な子""可愛い""大好き"と思えるようになった時、<u>「関わる大人の愛」で子どもが変われるのです</u>。弱さの有無にかかわらず**人間は人間の愛（あなたのことを大切に思っているよ・かけがえのない存在だよという思い）で育ちます**。

　「三つ子の魂百まで」と言われるように、たくましく生きる力、我慢する力、こころを育てる基盤は、乳幼児期にあると強く感じています。<u>揺るぎない親の強い意志が、揺るぎない子どもの強い意志を育てます</u>。

　子どもの要求をすぐに叶えてあげることは、たやすいですが、我慢させることは、親の子育て力にかかってきます。子どもに我慢させるためには、まず、親が自分の言った言葉に責任を持ち、我慢しなければなりません。

幼児期に我慢をする心を育てることは、子育てにおける親の大事な役割りなのではないでしょうか。とは言っても子育てに行き詰っている時は、誰もが子どもに振り回されやすいものです。ですから、「ゆうゆう」では保護者が苦しい時にこそ「母親が自分自身を見つめる時間・ホッと深呼吸ができるような"心の栄養補給の時"」の必要性を感じ、保護者との個別面談時間を大切に位置づけてきました。

　ある日の面談時に、「産んだだけでは親になれないですよね。子育てをしてはじめて親になれるんだって、この頃本当にそう思うんです」と保護者が話してくれました。「本当にその通りだよね」と２人で意気投合し、笑い合いました。「育児」は「育自」と言われるように、子どもを育てながら、実は親自身が育つ貴重な時間なのだという、こんなに大切なことに面談を重ねるなかで保護者自身が気付いてくれたのです。

　私は学生時代、当時群馬県立保育大学校校長であった故濱田義雄先生から「子育ての根底には『人間愛』『無償の愛』『待つ心』が大切だ」と、教えていただきました。そして、先生の勧めで卒業と同時に児童養護施設に勤務しました。当時は住み込みでしか勤められませんでしたから、子どもたちと寝食を共にするなかで、"子どもにとって親の愛に勝る愛はない"ということを思い知らされました。それと同時に、傷つき凍りついた心はハンマーで割るのではなく、温かな心で包み、時間をかけて凍った心が自ら溶けるのを待つことが大切だと濱田先生から諭されました。待つことは難しいことですが「信じて待つ」を心がけるなかで子どもたちは変わっていきました。子どもは誰もが愛されたい、誰かに必要とされたいと願っています。"あなたが大切な存在なんだという深い愛が人間を育てる"ということを学んだ貴重な３年間でした。

　結婚後、保育所勤務を経て、主任保母として新設保育園に勤務しました。その後、自分の子どもは自分の手で育てたくて退職したものの、たくさんの子どもたちの笑顔に会いたくて我が子をおぶっていろいろな保育園に腹話術やパネルシアターなどのボランティアに出かけて行きました。３人の子どもを授かってからのある日、おもちゃ図書館のボランティアをしたのをきっかけに隣家の育児休暇中の教諭である友人と共に1988年４月、地

区の公民館を借り、子どもの豊かな発達を願って、おもちゃの図書館「くれよん」を開設しました。おもちゃの図書館には、たくさんの親子が遊びに来てくれました。

　ある日来館した保護者から、子どもの言葉が遅いことや多動・こだわりなどの不安の声や質問をいただきました。が、しかし、その当時の私は主任保母という役を経ていたにもかかわらず「まだ小さいから……」などというその場限りのなぐさめしか言えず、弱さや障がいのある子どもに対して全く無知だということに気付かされました。それと同時に、発達上の心配や遅れのある子どもたちをよりよく伸ばすことができるなら、それが最高の保育者なのではないかと心が弾みました。

　早速、保育大学校時代の恩師である青柳讓二先生に相談しました。先生はその日の夕方、ドーマン博士の本やポーテージ協会のこと、その他いろいろな情報を持って家まで来て下さいました。それを基に、書物などを取り寄せて調べ、学びました。同じ頃、親友からも「生体の生活リズムを整えると、睡眠の中で障がいは軽減・克服される」という内容の河添邦俊先生の本が届きました。読んだ時、毎日のあたりまえの生活の中で、今すぐ今日から取り組め、特別な道具もいらない、しかも全くお金が掛からない、河添理論に興味を持ちました。

　1992年（平成4年）4月、「チャイルドハウスゆうゆう」を開園するにあたり、障がいを軽減・克服するためにたくさんの方法があるなかで、河添理論を選びました。幸い群馬県には河添邦俊先生の教え子が中心となり《河添理論を学ぶ会（代表…飯野政美さん）》という会があり、1979年から毎年河添先生ご夫妻をお招きして講演会を開いていました。県内の保育所で河添理論をいち早く取り入れ、障がい児の統合保育で成果をあげている前橋市の愛泉保育園にご指導をお願いすると共に実行委員に加えてもらい学ばせていただきました。河添邦俊先生の講演をお聴きし、先生のご指導を直接目にする貴重な機会もいただきました。

　河添邦俊先生は、「子育ては、平和の中で愛と科学と実践を！」と提唱なさり、障がいの有無にかかわらず子どもの発達のみちすじは同じで、子どもの健やかな育ちに、大切なことは「生体の生活リズムを整えること」

そして「発達のみちすじを大切に、笑顔で向かい合うこと」だと教えてくださいました。『早起きをして、朝の光を浴びながら散歩をし、きちんと朝食を食べる。そして、日中に大人が笑顔を向け、発達のみちすじをふまえながら筋力をしっかり付けるような遊びを工夫し保障してあげると、夜の眠りが整いその夜の眠りの中で子ども自身の本来持っている力が引き出され、障がいや弱さは軽減・克服される』というのです。

最近「早寝・早起き・朝ごはん」という言葉を耳にする機会が増えてきました。「生活リズムが大切」ということは、2000年代に入ってから文部科学省が推奨するようになりましたが、実は1970年頃から河添邦俊先生によって提唱されており、1978年に出版された『障害児の育つみちすじ』（河添邦俊著、1978年、ミネルヴァ書房）の中にも詳しく記されています。河添先生は、「生活リズムが大切」ということをたくさんの著書の中で述べておられますが、その中の『イラストでみる乳幼児の一日の生活のしかた』（河添邦俊・河添幸江著、1991年、ささら書房）では、イラストを入れて、わかりやすく解説されています。「チャイルドハウスゆうゆう」では、開園当初からこの本を教則本とし、生活リズムの改善に取り組んでいます。

子どもの発達や遅れに悩んだり、障がいの告知を受けて笑顔も消え苦しんでいた保護者が、河添理論を共に学び合うなかで、生活リズムの大切さを理解し、挙げられた18項目を毎日まいにち実践し続けているのです。一人ひとりが子どもに笑顔を向ける努力をし、初めは作り笑いであってもその笑顔を向け続けることで子どもが変わりました。その成長が嬉しくて親が再び笑顔を取り戻し、**その心からの輝く笑顔が子どもを更に変えていった**のです。

「チャイルドハウスゆうゆう」では、朝9時からという時間を大切にし、1分1秒も無駄にしないよう笑顔でしっかり向かい合い、子どもたちと一緒になってからだをいっぱい動かして遊び、夜の眠りを充実するために日中のよりよい活動を保障するべく努力を重ねています。

本書は、家庭で18項目を実践したことで、子どもにどのような成長がみられたのか、また、苦しかった子育てが楽しい子育てに変わっていった

という親の声と、「チャイルドハウスゆうゆう」での実践をまとめたものです。

　ここで取り上げたものは事例の一部であり、ここに書かれていることがすべての家庭に当てはまるわけではありません。けれども、自分の子どものために生活リズムを整えようとしている家族や、より良く子どもと関わろうとしている方々へのたくさんのヒントが含まれていると信じています。子どもの発達に悩みを抱えておられる方々、また、接し方や遊び方がわからず子育てに行き詰まっているお父さん・お母さんの笑顔に向かっての一歩を踏み出す一助になれたなら幸いです。

　悠々自適の"ゆう"・友愛の"ゆう"・優しい"ゆう"・勇気の"ゆう"・自由の"ゆう"・遊ぶの"ゆう"たくさんの思いを込めて恩師の青柳譲二先生が名づけてくださった「チャイルドハウスゆうゆう」は、子どもたちのよりよい成長・発達を願って今日も笑顔で向かい合っています。

「チャイルドハウスゆうゆう」の全景

チャイルドハウスゆうゆうの概要

1 施設種別

- 児童デイサービス　Ⅰ型
- 定員　10人
- 施設長・指導員4人（非常勤を含む）・事務員（非常勤）

※施設長が率先して遊びを創り、毎日子どもたちと向かい合っています

2 目的と方針

①保護者と協力しながら、発達に遅れのある乳幼児の生活リズムを整えます。

②脳の発達を促す全身を使った遊びと、指先を使った遊びを取り入れ、発達のみちすじに沿った発達の可能性を追求します。

③楽しく遊び合いながら、笑顔での向かい合いを大切にします。

④保護者との学び合いを大切にします。

3 子どもの療育時間

月〜金曜日（祝祭日は休み）
午前　8：45〜午後　3：00

4 対象児

発達に心配または遅れのある乳幼児0〜6歳児まで。
例えば、

- 言葉がでない
- 落ち着きがない
- 動きが激しくて目が離せない
- 夕方から夜に元気になり、寝つきに時間がかかる
- 夜中に目覚めて眠れない
- 自傷行為がある（自分の手を噛む・頭を叩く・床に頭をぶつけるなど）

- 他害行為がある（親や周りの人を噛んだり叩いたりするなど）
- 偏食がある
- じっとして食べていられない
- 排泄自立ができない
- よだれが多い
- なかなか歩かない
- 他児と比べると遅れているように見える、など

5 保護者支援

1. 保護者との面談・学び合い

月～金曜日（祝祭日は休み）
午後1：30～午後3：00

　1日1家族と施設長との面談です。保護者と施設長とで雑談のように話をするなかで、母親が自分自身を見つめ直したり、心を開放して笑ったりできるよう心を注いでいます。また、園での子どもの様子を伝えると共に、悩みや困ったことに対しての対応のしかたを伝え、園と家庭とが共通理解のもと子どもに接せられるようにしています。

2. 保護者会（毎月1回）

　保護者と施設長とで『イラストでみる乳幼児の一日の生活のしかた』（ささら書房）の本を基に河添理論を学び合い、「ゆうゆう」の支援方針や日々の生活のしかた等を伝えます。また、子どもへの対応についてなどの意見交換をする中で、それぞれの子どもへの対応を保護者みんなで周知しあいます。

　さらにレクリエーション・ゲーム（以下レク・ゲーム）を通して皆で笑い合い、元気を分け合うことも大切にしています。

※レクリエーション・ゲームとは…
　仲間と一緒に笑い合ってからだを動かすことで心が開放され、楽しさや喜びが得られる遊び。

3. 親子合宿（年3回）

時　期	目　的　（活動内容）
春　合宿 （4〜5月）	学習会（河添理論について・子どもの発達の順序性・接し方・関わり方）、親子遊び、レク・ゲーム、山登り
秋　合宿 （10月末）	学習会（卒園児親子と在園児親子との交流と意見交換）、親子遊び、レク・ゲーム、山登り
修了合宿 （2月末）	家族の実践報告（子ども一人ひとりの成長の確認）、親子遊び、レク・ゲーム、山登り

4. コーラス・音楽療法

　毎月第三水曜日の午後は、元中学校音楽教諭であり、リトミック指導者である鳥屋郁子氏を招き、ピアノや楽器や歌声に合わせて笑いいっぱいの楽しい親子の交流時間を過ごします。親子で一緒にからだをたくさん動かした後は、母親達のコーラス練習時間です。音楽の力は親子の心とからだをほぐしてくれるだけではなく、日々の生活に取り入れることで豊かな心が育ちます。

5. ダベリング会（隔月1回）

　卒園児保護者と在園児保護者と職員の交流を通して学び合います。在園児保護者にとっては、卒園してからの子どもの成長に見通しを持つことや困ったことへの対応のしかたについてなまの声を聞くことができ、学習ができる貴重な時間です。卒園児保護者にとっては、里帰りのようにホッとできる元気の出る場になるよう心を配っています。

6. こまくさの会　（卒園児保護者の会）

　隔月で山登りとダベリング会 {(5) と同じ} を開き、卒園した保護者と在園児保護者との交流を図ると共に、卒園児の支援をします。
　また、隔月で通信を発行し、情報交換等を行っています。

ゆうゆうで大切にしていること

```
            ┌─────────────────┐
            │  健やかな子ども  │
            └─────────────────┘
                     ▲
            ┌─────────────────┐
            │生活リズム（18項目）│
            │      1章―1       │
            └─────────────────┘
           ▲         ▲         ▲
    ┌──────┐  ┌──────┐  ┌──────────┐
    │ 眠 る│  │食べる│  │  遊 ぶ   │
    │1章―2―①│ │1章―2―②│ │1章―2―③  │
    │コラム⑤│  │2章―9 │  │2章―2・3・4・5│
    └──────┘  └──────┘  └──────────┘
                     ▲
  ┌────┬────┬────┬──────────────┐
  │笑顔│体験│記録│大人の言動に  │
  │4章―①│コラム②│コラム①│責任を持つ │
  │コラム④│  │  │   4章―⑦     │
  └────┴────┴────┴──────────────┘
```

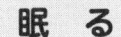

　「ゆうゆう」では、健やかな子どもを育てるために河添理論に従い**生活リズムを整えること**を大切にしています。18項目を実践するためには、・**眠る**［早寝・早起きをする（子どもは6時起床・20時就寝）］・**食べる**（特に朝食と朝排便）・**遊ぶ**（発達のみちすじをふまえて遊び合う）ことが大切と考え実践しています。また、子ども自身が愛されている安心感を持てるように大人が笑顔を向けて子どもと遊び合うこと。いろいろな体験をさせ、できると信じ、やってみせ、できるまで根気よく継続してやらせてみること。それらを含め生活と成長を記録すること。大人が言動に責任を持つことを大切にしています。

障がいを持つ子どもには……

- より笑顔を向けて
 (子どもの目の中にキラキラな目を向けて)
- よりていねいに
 (手先から足先まで一つひとつの動作をていねいに)
- より時間をかけ
 (やってみせ、やらせてみる　根気よく)
- より工夫し
 (その子に合わせて、達成感を持てるように)
- より愛を込め
 (笑顔を向け、信じて待つ)
 働きかけることが大切です。

イラストで見る「チャイルドハウスゆうゆう」の全景

第1章

河添理論と
保護者の取り組み

1 河添理論 18のポイント

　「チャイルドハウスゆうゆう」に通園する子どもたちは、河添邦俊・幸江著『イラストでみる乳幼児の一日の生活のしかた』（河添邦俊・幸江著、1991年初版、ささら書房）にそって生活しています。18項目からなっている生活のしかたは、次のとおりです（詳しくは、『イラストでみる乳幼児の一日の生活のしかた』の本をお読みください）。

1 機嫌よく早起きをします

6：00ごろ起きましょう！

2 起きたら、着替えをします

起きたらすぐに裸になって着替えましょう！

❸ 冷水で顔や手足を洗います

冬でも冷水で洗いましょう！

❹ 毎朝たのしく散歩します

朝の光を浴びながら朝食前に30分程度少し急ぎ足で散歩をしましょう！

❺ 食事は一日3回、間食1回にします

特に朝食が大切です
- 朝食は午前7：00ごろ
- 昼食は午後0：00ごろ
- 夕食は午後6：00
  〜7：00の間
- 間食は午後3：00ごろ
（よく活動した場合だけ）

❻ 食事の前には小便をします

「失敗しても叱らないで」

一日3回の食事
間食の前には
小便をし、冷水で
手を洗いましょう！

❼ 朝食後には大便をする習慣をつけます

「出なくても便器に座ってみましょう」

からだのために
必要なことです！

❽ 朝の内にからだを使って表現をする遊びをします

午前9時頃から30分くらい
集中して全身を使った運動を
しましょう！

⑨ 幼い子どもには、昼寝をさせます

就学する半年前までの
幼児には
昼寝が必要です！

⑩ 午後広い場所で遊ばせます

戸外で
思い切り
からだを大きく
動かして
たのしく
遊びましょう！

⑪ 雨天の日も生きいきと遊ばせます

雨の日でも
室内でできる
遊びをしましょう！

12 できるだけ手伝いをさせるようにします

手伝い遊びとして
たのしませましょう！
そして
きちんとほめましょう！

13 夕食後には、はい回って遊びます

はいはい遊びは
とてもよい全身運動
です！

14 就寝少し前に入浴をします

就寝前の入浴は、親子一緒にすることで
心温まる習慣にしましょう！

⑮ 就寝前に、落着いた時間（だいたい20分以内）を持ちます

絵本など静かに
読み聞かせたり
しましょう！

⑯ 夜寝つきのよい子がよく育ちます

寝床に入って2分ないし
5分くらいの間に寝る子どもが
寝つきのよい子どもです！

豆電球も消して
暗くしましょう！

⑰ 激しい刺激（ストレス）を加えないようにします

ストレスが多いと
「不定愁訴」が生じて
頭や腹も痛くなりがちです！

※不定愁訴…からだのどこかに異常を感じ
　やすく、それを他の人に訴
　える状態

18 ほめ方や叱り方は態度によって示します

●体罰は
　しません

ほめる時は
笑顔と
ことばと
抱っこで
共感を示し

叱るべき時は
感情を顔に表して
目を見ながら
毅然とした態度で

2 保護者に取り組んでもらうこと

1 眠るために

1.早寝・早起きをしましょう。

[めざめについて]

- 毎朝6時頃に笑顔で起こしましょう。カーテンを開け、窓を開けて空気を入れ替え、毎日同じ時間に声かけして、子ども自身が気持ちよく目覚められるように働きかけます（最初は泣いたり、ぐずったりする子どももいますが、半月～1カ月くらい継続すると自分から目覚められるようになります）。

- 夜8時頃に寝かせるために、朝は6時頃に起こします。眠気を起こすメラトニンというホルモンは、目覚めてから14時間後くらいに分泌するというリズムがあり、朝6時頃に起こすと夜8時頃に自然に眠くなるからです。メラトニンは情緒を安定させて性の成熟を抑制する働きもあるとのことで、夜よく眠れるようになると、日中は気持ちが安定し穏やかに過ごせるようになります。

- 夜遅く寝た日でも朝は6時頃に起こします。目覚めには20分くらいかかると思って、笑顔を向けて声かけをします。目の玉が瞼の下でクリクリ動いたら（レム睡眠の特徴です）きっぱりとからだを起こします。
  ※レム睡眠…からだはよく眠っているのに脳はめざめている時のように活発に動いている。めざめやすい眠り。

- ぐずぐずしていてなかなか起きない時にも、笑顔を向けましょう。親がイライラすると子どもはますますぐずり、よけいにぐずりを長引かせてしまうことが多いようです。

- 起きたら「おはよう！」と、笑顔で声をかけましょう。

- めざめが悪くてもあきらめずに毎朝笑顔で起こします。
- 起きたらすぐにトイレに連れて行き、排尿させましょう。

[眠りについて]
- 夜8：00頃に真っ暗にして寝かせましょう。（メラトニン分泌には、暗闇と静けさが必要です）
- 豆電気をつけていないと眠れない子どもの場合は、子どもが眠ったら豆電気を消します。真っ暗な中で眠れるようになったら、眠る時に「おやすみ」と言った時点で、豆電気も消して真っ暗にします。
- 布団に寝かせる時は、肺呼吸を妨げないために仰向けに寝かせましょう。
- 眠る前は口うるさくしないようにしましょう。
- 子どもがお喋りしたり、笑い出したり、泣き出しても灯りは付けずに親は黙ったまま様子をみます。親が黙っていればそのまま寝つくことが多いようです。
- 動き出したら、起き出してしまわないように、子どもの胸に軽く手を載せ、「大丈夫だから寝ようね」と声は出さずに心で信じて待ちます。
- 夜中に目覚めて泣き始め、なかなか泣き止まない場合でも、車に乗せて夜のドライブに出かけたり、ビデオやDVDなどを見せたりしないようにしましょう。泣けばそれらができることを学習してしまいますし、どちらも夜中に目覚めるリズムをつけることになってしまいます。

2．起きたら着ていた物を全部脱いで着替えましょう。

- パジャマを脱いで、肌を空気に触れさせてから着替えます。
- 着替える時にはパジャマの上着を脱いだら上の洋服を着させ、下を脱いだら下を穿かせて、お風呂以外では真っ裸にさせないようにします（特にこだわりの強い子どもは、着替え＝裸というこだわりをつくらせないようにします）。

3．冷たい水で顔を洗いましょう。

- 目覚めた後は冬でも水で顔を洗いましょう。すっきり目覚められ、朝の

よいスタートができます。顔や手足に水をかける（洗う）ことは、水たんれん（水浴による自律神経たんれん法）になります。

4. 朝の散歩をしましょう。

- 着替えて顔を洗ったら親子で楽しく散歩をします（弱さをもった子どもだけでなく、兄弟姉妹も一緒に朝の散歩をしましょう）。特に父親との散歩は、父子のコミュニケーションをとるのによい時間になります。
- 外気に触れることが大切なので季節や天候にかかわらず、朝の散歩は毎日続けます。歩くことを目的にしますから道草をさせずに歩けるようにします。

❷ 食べて排泄するために

1. 朝食を大切にしましょう。

[食事の内容]
- 朝食は和食（ごはん・みそ汁・おかず）にしましょう。
- おかずは、『ま・ご・わ・や・さ・し・い』の食材を一日で全て摂取することを目安にバランスのよい食材で作ります。

    ま　豆類
    ご　ゴマ
    わ　わかめ海藻類
    や　野菜
    さ　魚
    し　椎茸きのこ類
    い　イモ類

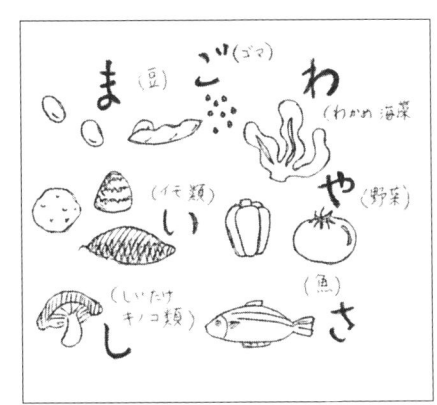

- レトルト食品や冷凍食品に頼らず、季節の野菜を使い手作りで食事を作ってあげましょう。
- 魚肉類を好む子どもにも野菜や煮物を食べさせましょう。
- 子どもの好きなものばかりに偏らず、嫌いな食材でも食べさせます。ま

ず、親が食べてみせることが大切です。
- 水分は、偏食が治るまでは牛乳・ジュース等は止めて水にします。
- 咀嚼力をつけるために食材は細かくせず、大人が食べる大きさと同じくらいに切り、軟らかすぎないように調理しましょう。
- 夕食は、特に薄味に調理しましょう。

[偏食改善の手立て]
- 子どもが"お腹がすいて食べたい"と思うくらい、からだをいっぱい動かして楽しく遊び合いましょう。
- 親や周りの大人が美味しそうに食べてみせましょう。
- フォークに好きなおかずを刺し、その上に苦手なおかずを少しのせて食べさせてみましょう。それで食べられるようになったら、フォーク2本それぞれに、好きなおかずと苦手なおかず（最初は少し）を刺しておき、「こっちを食べたらこっちね」と、先に苦手な物を食べたら好きな物が食べられるということを教えます。子どもが嫌がっても大人はニッコリ笑って自分の分を食べて見せ、譲らずに待っていれば、子どもはその親の姿勢を感じとって自分で食べるようになります。
- 食べられたら、おおいにほめます。
- "苦手な物から食べ始め、食べられたらおおいにほめる"を繰り返すなかで、偏食なく食べられるようになります。
- 「こっちを食べてからでしょ！」と、怒り顔を向けたり、声を荒げると、ますます嫌いな食べ物になってしまいますから、心でいらついても笑顔を向けて待ちましょう。
- 好きな物が食べたいと言って大騒ぎしたり、食器を投げたり、フォークやスプーンを投げたりした時も、親や周りの大人は動揺せずに、子どもに「ごちそうさま」をさせ椅子から降ろし、投げたフォークやスプーンを本人に拾わせます。
- いったん「ごちそうさま」をしたら、子どもが「たべる」と言って泣いても大人は普段と同じように食事を美味しそうに食べ、子どもには次の食事時間まで待たせます。叱る必要はありません。叱るとぐずりが長引

きます。
- 食事途中で「ごちそうさま」にしても、必ず水かお茶を飲ませましょう。子どものからだは70％が水分ですから、水分だけは不足にならないよう、日中の運動の後にも飲ませましょう。
- 次の食事になったら、前回の食事時間に食べられなかった食材から食べさせます。間食さえしなければ、子どもはお腹が空いていますから、すんなり食べます。
- 偏食の多い子どものなかには、飲み込む力や噛み込む力の弱い子どももいます。それらの場合、うつぶせになったり、はいはい遊びなど、からだ全体をしっかり動かせるような遊びを楽しくしましょう。筋力が育てば、飲み込みも噛み込みもうまくできるようになります。
- 食事づくりを一緒にお手伝いさせることも偏食改善の近道です。子ども自身が手伝って作ったおかずは自ら喜んで食べます。

[立ち歩かないで食べられるようにするために]
- 叱らなくて良いのです。立ち上がる前に行動を止めましょう！
- 食べる時にいつも立ち歩きをする子どもには、食べ始める前に「立ち歩いたら『ごちそうさま』にするからね」と、伝えておきます。椅子や床から立ち上がりそうになったら、立ち歩いてしまう前に肩をちょっと押さえて目を見てニッコリ笑い、行動を止め椅子や床から立ち上がらないようにしてあげます。
- それでも出歩いてしまったら、叱らずに「ごちそうさまね」と声をかけて食事は終わりだということを伝えます。
- 再び子どもが戻ってきて「たべる」と泣き叫んでも再開せず、親は毅然と振る舞い自分の食事をあせらずに美味しそうに食べ切ります。子どもは親の様子を伺ってわざと大泣きをしたり、転げまわって騒いだりしますが、ちょっと時間が経てば食事のことを忘れて遊ぶので大丈夫です。機嫌が直ったら笑顔を向けて遊んでください。食事を食べなかったからと、バナナやお菓子や牛乳やヨーグルトなどで補食をさせず、水分（水かお茶）だけはしっかり飲ませ、次の食事まで待たせましょう。

- 「ごちそうさまね」と、子どもに告げた後は、親は自分の言葉に責任を持ち、オドオドしないことが大切です。泣かれたからと、そこで気持ちが揺れてまた食べさせてしまうと、子どもは"騒げばまた食べられる"ということを体得するだけではなく、親の言葉を信用しなくなります。たかが食事くらいと思うかもしれませんが、これが生活すべてに関わってきます。親が言ったことでも、泣いたり騒げば親が折れて子どもの言いなりになるということを学習してしまいます。
- 一度きちっとやりきれば次から立ち歩かなくなります。

[よく噛むことが大切です]
- 離乳食が済み普通の食事が摂れるようになったら、ごぼうやレンコン、あるいは肉の塊などは細かく刻まず、噛みごたえがあるように大人と同じ大きさに切りましょう。調理する時にも軟らかすぎないように気をつけます。歯で噛み切ること、口の中で混ぜ込むこと、よく噛むことなどすべてが言語にもつながっていきます。滑舌をよくするためにもよく噛むような食材を与えましょう。
- 噛み込み・混ぜ込み・飲み込みなどがうまくできない子どもには、うつぶせでの遊びやはう遊びなどの全身運動をたくさんさせましょう。

[水を飲ませましょう]
- 子どものからだは70％が水分です。運動の後には必ず水分補給をさせましょう。また、お風呂から出たあとも水を飲ませましょう。大人が水を「美味しい！」と飲んでみせれば子どもも自ら飲むようになります。
- 水を嫌がるからといってジュースなどを与えると、子どもは水を嫌がればジュースが飲めるという誤った学習をしてしまいますから、水かお茶を水分とします。

2.排泄する

- 食物を食べて必要なものをからだに取り入れた後、からだの廃棄物を外に出すことはとても大切なことです。尿でも大便でも排泄できなくなる

と生命までも危険な状態になるわけですから、食事を摂ることと同じくらい排泄することを大切にします。
● 初めは嫌がっても決まった時間に便座に座らせること（時間排泄）から始めましょう。

[紙おむつは外しましょう]
● 子どもが尿意を伝えられても伝えられなくても、日中は紙おむつを外して布のパンツで過ごします。おしっこが漏れた時に、不快感を感じるように、普通のパンツを穿かせましょう。トレーニングパンツは不要です。ただし、午睡時間だけは眠りを保障してあげるためにおねしょの心配な子どもには紙パンツを穿かせます。

[まずは時間排泄から]
● 起床時、食事の前後、登降園時、午睡の前後、入浴前、就寝前にオマルまたは便座に座らせます。オマルから始めた子どもはオマルで排泄ができるようになったら便座に移行します。
　男の子は、便座排泄ができるようになったら男便器で立って排尿ができるように促します。

[こだわりの強い子どもには特に気を配って…]
● こだわりの強い子どもは、長い間紙パンツを穿かせていると"排泄は紙パンツで！"と定着しがちです。また、男の子は便座で排尿できるようになったら、大人が意識的に「立ったまま男便器で排尿できる」ように働きかけましょう。いつまでも便座に座らせていると、男の子でも便座に座って排尿したがる傾向があります。
　初め嫌がっても、男便器で立ったまま排尿するという習慣さえつけば必ず男便器でできる日がきます。諦めずに働きかけましょう。

[おもらしをしてしまったら…]
● 叱らずに着替えさせましょう（叱ると、尿意を告げるようになるのがま

すます遅くなります）。
- オマルやトイレでおしっこができるようになってからおもらしをしてしまった場合も、叱らずにもう一度オマルや便座に座らせてみて下さい。残りのおしっこが出ることがあります。そのままパンツを穿きかえさせてしまうと、またすぐおもらしをしてしまうことがありますから注意しましょう。

[排便定着のために…]
- 食後にオマルか便座に座らせる習慣づけから始めます。すぐに立ち上がったり、泣きわめいたりして自分で座っていることができない場合は、座っている間、子どもが好きな手遊びや、歌、好きな絵本を読むことなどで便座に座ることに慣れさせることをお勧めします。
- 「ウ〜ン・ウ〜ン」と声かけすると効果があります。"できる"と信じてあきらめずに働きかけしましょう。
- 特にこだわりの強い子どもは、いつまでも紙パンツに頼っていると、"うんちは紙パンツでする"、とこだわりやすく、わざわざ紙パンツを穿いて排便することもあるので注意しましょう。
- 大便を洩らしても叱らずに取り替えはトイレでしましょう。排便はトイレでする！ということを教えてあげることが大切です。

③ 笑い合って遊ぶために

1. 笑い合って遊びましょう。

[筋力を付けられるような遊びを毎日しましょう]
- 「ゆうゆう」の休園日（土・日曜日）でも、朝の9時から30分程度、親子ではう・歩く・走る・登る・握るなど、からだを十分に動かして（戸外でも室内でもかまいません）遊びましょう。詳しくは2章参照。
- ゆさぶり遊びも毎日取り入れましょう。
- 動物の真似っこ遊びをしたり、絵本のお話を真似てみたり、なるべく、はうような遊びを取り入れましょう。

- 全身を動かした後に手や指先を使う遊びをしましょう。
- 午後は広い場所で外遊びをたくさんして、月に一度くらいは親子で山に登り、広い自然の中で全身を動かしましょう。

[笑顔で向かい合って遊びましょう]
- 子どもの機嫌のよい時に親が笑顔を向けて遊びましょう。子どもが我がままを言って泣いてぐずった時には、泣き止ませようと抱っこしたり、ホイホイ機嫌をとったりせずに、本人が気持ちを立て直すまで見守っていましょう。親が子どもの機嫌をとったり手出し・口出しをしたりすることがぐずりを助長してしまうということが往々にしてあります。
- 機嫌が直ったら笑顔を向けて一緒に遊びましょう。
  それを繰り返すうちにぐずらずに機嫌よく遊べる子どもに育ちます。

[夕食後にも、はい回って遊びましょう]
- 夕食の片づけが済んだら家族みんなでからだを使った遊びをしましょう。河添先生の研究では、昼間よく活動すればするほど夜の身長は朝に比べて大きく縮み、眠ると関節に新しい栄養素を含んだ水が戻るために、背丈の縮んだ分が元に戻るとのことでした。筆者の家でも息子で測定をしてみたことがありますが、夜の7：00〜7：30にはって楽しく遊ぶとその30分間だけで身長が約1.7cm縮み、朝からの一日のトータルでは約3cmくらい縮みました。ですが、朝には元に戻りました。

[お手伝い遊びをさせましょう]
- 自分でできることは自分でさせ、できたことはほめましょう。
- 生活をしていくために付けておくべき必要な力は『お手伝い遊び』として取り入れましょう。
- 初めから"お手伝いなんて無理"と思わずに、子どもができるように工夫しましょう。
  （例）食事作り…キャベツやレタスをちぎらせる等。
  　　　洗濯物……干す時に、籠から靴下やタオルをとらせる等。

コラム①　記録をしています

1．生活表をつけます。

● 生活の様子を毎日記入する用紙です。生活表には、以下の項目を記入します。①起床・入眠時間、②食事時間とその内容、③朝の散歩、④排便の有無、⑤入浴時間、⑥午後の活動内容、⑦夜の遊び、⑧発作等。

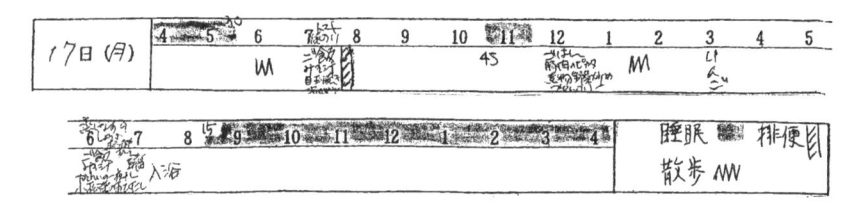

2．日々の様子と出来事を記録します。

● 家庭での子どもの様子と「ゆうゆう」での出来事を毎日ノートに記録します。
● 子どもの記録のみにかかわらず、家庭の悩みや相談事なども書けるような"自由なノート"です。
● 小さな成長でも見逃さずに記録することで、その子なりの参考書になります。特に、こだわりや問題行動を持っている子どもは、一度改善されても後々になって再び表出することもありますから、その時に過去の記録を読み返すことで、解決の糸口がみつけられます。
● 「ゆうゆう」からのアドバイスを母親からの伝達では受け入れにくい父親も、ノートを読むことで理解が深まり、実行に移せるようになります。

3．成長の確認をします。

● 入園当初からの成長を2カ月ごとにまとめて記録しています。①睡眠、②表情、③食事、④排泄、⑤着脱、⑥健康、⑦言語・認識、⑧運動・遊び、⑨困っていることについての9項目に分けて記録します。現状の確認とともに新たな目標の設定に役立ちます。年度末には年間成長をまと

めて振り返ります。
- 記録は文字だけではなく、写真でも収めます。入園時からの成長を、できるようになったその日のその姿を撮るように心掛けています。たった一枚の写真でも成長が明らかに見えてくるからです。

コラム②　体験をすることを大切にしています

1. 年3回の親子合宿に参加します。

〈合宿メインプログラム〉
1日目・レクリエーション・ゲーム
　　　・親子遊び
　　　・学習会とミーティング
2日目・朝の散歩
　　　・山登り

↑親子遊びの一場面
　シーツでの魚釣り遊び

2日目の山登り→
ちょっと疲れたらワニ君での腹話術

- 「ゆうゆう」の方針を父母に知ってもらい、家庭と園とが子どもの共通理解をし、同じ接し方をしていくために初年度から始めた合宿です。子どもを伸ばす最短距離と信じ、父親も参加しやすいように、特別に土～日曜日に設定しています。
- 「兄弟姉妹のために」の合宿でもあります。弱さを持った子どもがいると、父母はどうしてもその子どもに掛かりっきりになりやすいものです。普段我慢させていることの多い兄弟姉妹に"ゆうゆうっ子"と関わる楽しさを伝え、保護者には、兄弟姉妹にも目を向けて関わる大切さを伝え、家族の笑顔を増やしたいと考えています。

●もう一つは卒園児親子へのフォローです。卒園してしまうと気にはなりながらも、なかなかゆっくり会う時間を作れません。そこで、卒園児親子と在園児親子の交流を図りながらみんなの交流の輪と笑顔が広がるように、そして、在園児保護者には先を見通した子育てができるようにと願って始めたのが年3回の合宿です。

[合宿の役割と効果]
（保護者のアンケートをふまえて）
1. 生活リズムの大切さや子どもの発達について学び合えます。
2. 合宿に参加することで、子育ては母親に任せきりだった父親が指導員や他の保護者の子どもへの接し方を見たり・聞いたりして刺激を受け、協力する気持ちになります。
3. ミーティング時に写真やビデオで子どもたちの入園してからの驚くほどの成長を確認することで、この生活を継続することの大切さを再認識します。
4. ミーティングに加わることで、夫婦の共通理解が深まり、子どもへの接し方を学べます。
5. 母親が日々話す苦労話が自分の家だけの問題ではないことを知り、父親も積極的に子育てに関わろうと気持が変わります。
6. 参加した家族みんなが大家族のようになり、兄弟姉妹が他の兄弟姉妹と関わったり遊び合ったり、普段の生活では見られない笑顔をたくさん見ることができます。
7. 普段は我慢することの多い兄弟姉妹も父母と一緒に笑い合って遊べ、心が満たされます。
8. みんなで一緒に登山をすることで同一体験をした感動を共有でき、父母との関係が今まで以上に深まります。
9. 生活リズムを継続するために他家族も努力を重ねていることを知り、我が家も継続していこうという意欲が湧いてきます。

2．山登りをします。

※その子その子に合わせたコースを歩きます。歩けない子どもはおんぶや

バギーで参加します。
- 森林浴・外気浴・日光浴と浴のつくものは、からだに良いものです。
- 毎月1回、親子で山登りを楽しみます。多少の雨でもカッパを着て楽しんで歩きます。

　森林浴がからだに良いだけではなく、山道の凸凹や斜面を登り降りすることで足のあおり動作（p.61参照）やかかとでふんばる力をつけ、バランスを構成していく力（平衡機能）を身につけるなど、平地ではつきにくい力をつけることができるからです。みんなで一緒に登山することで体験した感動を共有でき、親子の関係が今まで以上に深まります。また、普段の生活では体験できない達成感を味わうこともできます。と同時に、子どもがぐずった時の対応を保護者にみせることができる大事な時間でもあります。

3．行事に参加します。

【リヤカーで行くイモ掘り】

　春はジャガイモ、秋はサツマイモのイモ掘りを体験します。約1km離れた畑まで、歩けない子どもや脚力の弱い子どもたちを乗せたリヤカーを引いたり押したりしながら往復歩きます。採れたイモは食べるだけではなくイモ版遊びにも使います。

手足の感覚に過敏のある子どもが芋を握れるようになったり、リヤカーに乗っていた子どもが次の芋掘りではリヤカーを歩いて引っぱる側になっていたり、などの成長確認もできます。
　帰ったら子どもたちは入浴します。一年に2回だけの体験ですが、家庭での入浴の状況が手にとるようにわかり、入浴時のからだの洗い方やシャンプーのしかたなど、保護者へアドバイスできる絶好の機会です。

【おもちつき】

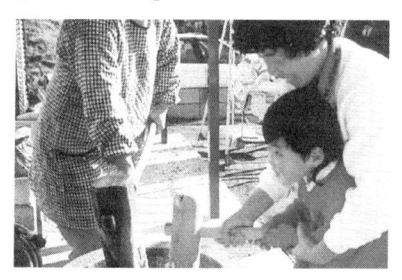

・暮れには自家製のもち米をふかし、臼と杵で餅つきをします。
　親子で一緒に杵を持って餅つきし、つきあがったお餅で母親たちがあんぴんを作ります。

　子どもたちの午睡中には、畑から野菜を採ってきてお雑煮や、からみ餅も作り親子みんなで昼食にします。

【紙すき】——再生紙作り——

　手・指先を使う遊びの時間に子どもたちが細かく裂いた牛乳パックを利用して親子で紙すきを体験します。卒園予定の親子は修了証書を、他の親子は手作りハガキを作ります。

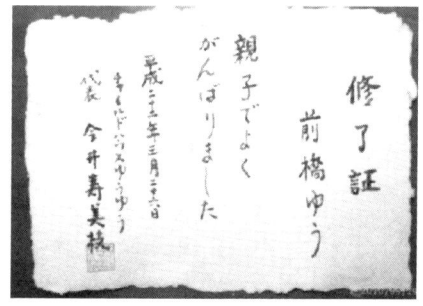

第2章

「ゆうゆう」での実践

一日の生活のながれ

6：00前後	起床・排泄・洗面
	朝の散歩 （未歩行児は、からだのもみほぐしと外気浴）
7：00頃	朝食
	排泄（排便を促す）
❶ 8：45～9：00	朝の親子での活動
	①登園 ②排泄 ③親子で雑巾がけ ④からだのもみほぐし
❷ 9：00～9：30	全身を十分に使った遊びⅠ
	①はう・歩く・走る・登るなどの遊び ②握力を育てる遊び ③ゆさぶり遊び
❸ 9：30～9：40	全身を十分に使った遊びⅡ
	①傾斜45度のスベリ台の逆上り ②芝山遊び ③4m50cmの棒登り ④雲梯 ⑤タイヤブランコ
❹ 9：40～10：05	指先を使う遊び
	月…野菜を使って 火…紙を使って 水…道具を使って 木…絵の具・クレヨン・マーカー等を使って 金…道具を使って（ポニー乗馬も含む）

❺ 10:05〜10:20	手遊びと絵本の読み聞かせ
❻ 10:20〜10:30	午前中の眠り（午睡）準備
❼ 10:30〜11:30	午睡の時間
❽ 11:30〜12:00	午睡後の活動と昼食準備
❾ 12:00〜12:30	昼食（お弁当）
（母親手作りのお弁当）	
❿ 12:30〜13:00	昼食後の遊び
自由遊びと楽器遊び	

⓫ 13:00〜14:30 午後遊びの時間	⓭ 13:30〜15:00 保護者支援としての午後の面談
歩行確立グループ（A）と未確立グループ（B）に分かれての戸外遊び Aグループ…散歩や近くの公園で、雨の日は児童館で遊ぶ。 Bグループ…バギーに乗ったり歩いたりの散歩や園庭での遊び。雨の日は児童館で遊ぶ。	1日1家族と施設長との面談

⓬ 14:30〜15:00	間食と降園
15:00〜18:00	家庭での遊び・お手伝い遊び
18:00頃	夕食・排泄
19:00	親子遊び
夕食後に、親子ではい回って遊びます	
19:30	排泄・入浴、絵本の読み聞かせ
20:00前後	排泄・就寝
入浴後20分くらいまでに就寝します。	

1 朝の親子での活動
8:45 ▶▶ 9:00

1 登園

　できるだけ**歩いての登園**を勧めています。

　遠方から車で登園する方が多いのですが、歩く力の付いた園児は700mくらい離れた所から歩いて登園してもらっています。ぐずれば抱っこやおんぶをしてもらえると学んでしまわないよう、抱っこやおんぶをしないで自分の足で歩かせます。

　雨が降ってもカッパを着せて、傘をさして歩く練習をします。子どもがぐずった時は、後から来る保護者や前を歩いている保護者が声をかけてくれたり、兄弟をみてくれたりと、保護者同士がお互いの子どもが歩けるように、お互いに働きかけしてくれています。どうしてもぐずりのひどい時は、指導員が走って行き手助けをします。子どもは親の様子をうかがいながらぐずってみせるだけなので、指導員の笑顔とかけ声ひとつで立ち直り機嫌よく歩けることが多々あります。

2 排泄

登園したらトイレかオマルで排泄を促します。

排泄が済んだら、紙パンツだった子どもも尿意を告げられない子どもも布のパンツにはき替えます。

3 親子で雑巾がけ

登園後、排泄が済んだら親子で雑巾がけをします。

雑巾がけの介助の様子です。

介助の雑巾がけを始めてから2カ月半後、乾拭きですが、自分で雑巾をかけられ親子で一緒に楽しめるようになりました。筋力がつき、前に行く母を追いながら顔を上げて進めるようになりました。

水拭きであっても乾拭きであっても自分でできたという達成感を大事にしています。何十cmでも自分でできたら満面の笑顔でほめ、やらされるのではなく、子ども自らやりたくなるように再び促します。

※高ばいはできるが、体重移動ができずに一人では雑巾がけのできない園児には、左上の写真のように大人が雑巾を引っ張ってやり、前に進めるようにします。子どもだけに雑巾がけをさせないで皆で共にやって見せます。

④ からだのもみほぐし

♪歌をうたいながら
おこないましょう♪

あおむけ

①全身の脱力

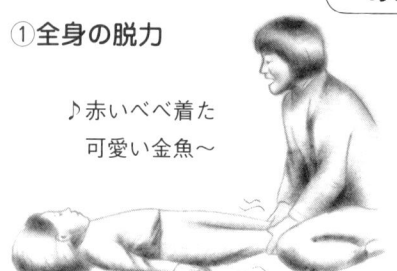

♪赤いべべ着た
可愛い金魚〜

・両足首を床すれすれの高さで持ち上げ、左右に細かくゆらします。

②足指のマッサージ

(ア)　　(イ)

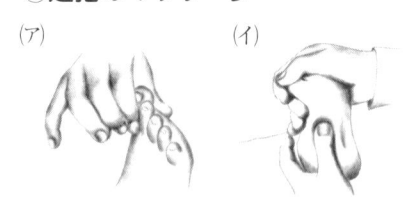

(ア)片方ずつ足の指の付け根を小指側から順番にもみほぐす。次に軽く指を引っ張ります。
(イ)土踏まずに圧を加えます。

③足首の運動

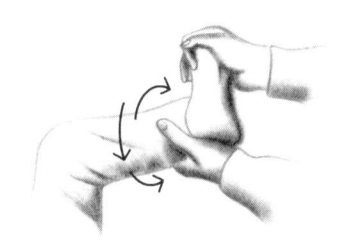

・左手で支えながら右手で足首を内回し外回しに回し、アキレス腱を伸ばすように倒します。

④脚全体の運動

・トントンパッで閉・開脚します。
　(揃えて)(開脚)

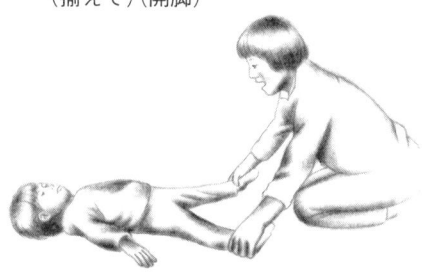

⑤膝の運動

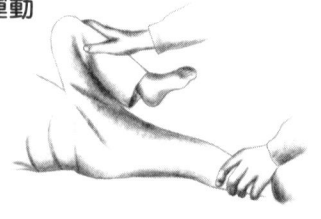

・片方の膝をまげ、もう片方は伸ばした状態で膝を腹部に向けて右足、左足、両足の順序で曲げます。

⑥腰の運動

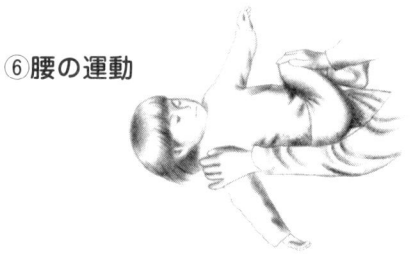

・片方の膝をまげ、もう片方は伸ばした状態で右足は左へ。左足は右へと腰をひねっていきます。
※腰をひねっていくとき反対側の肩が上がらないように手で押さえます。

> うつぶせ

①脚全体の運動

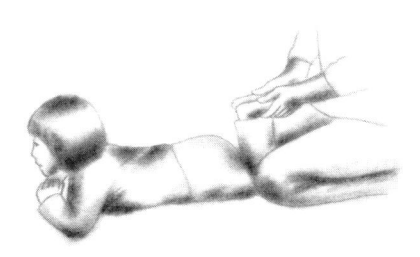

・うつぶせに寝かせ、脱力ができるよう細かくゆらします。片手で足の甲を押さえ、足の裏をトントン叩きます。

②脚の運動

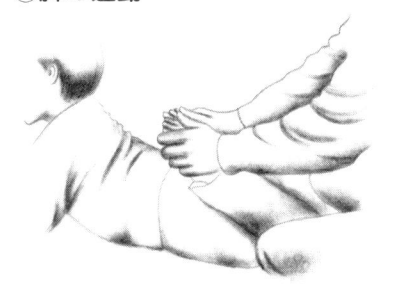

・うつぶせに寝かせ、片足ずつ膝を曲げます。右足、左足、両足の順でおこないます。

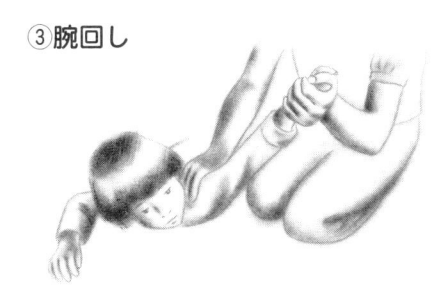

③腕回し

※腕回しは肘が曲がらないようにして、ゆっくり回します。

④背・胸の運動

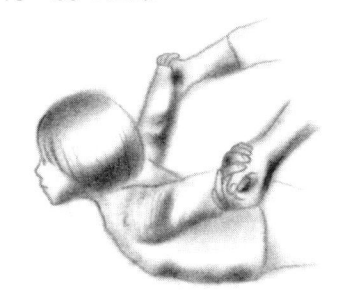

・上体そらしは無理に引っ張らず、本人が自分の力で反るようにします。

⑤手押し車

・子どもの膝が曲がらないように両脚を大人が持ち、子どもの手の力で前進させます。
※子どものからだが床と平行になるようにしましょう。

体操が終わったら抱きしめてあげましょう！

第2章●「ゆうゆう」での実践　047

交差パターン

※歩けない子どもたちのために、膝つきばいや歩く時の手足の自然な動きを獲得してもらえるよう歩行獲得の支援として始めました。
交差パターンをしてあげると、子どもの動きがスムーズになる効果が表れたので、現在では毎朝全児に行っています。

〈すすめかた〉
・子どもをあおむけに寝かせます。
①Aさんは、図のように子どもの頭の上の位置に正座し両手で両耳をはさみこむようにして軽く押さえます。
・Bさんは、子どもの右手・右足を持ちます。
・Cさんは、左手・左足を持ちます。
・Aさんが、顔をゆっくり右に向けると同時にBさんが、右の手足を開きます。Cさんは同時に左手足をくっつけます。
②顔を左に向けたら手足は先ほどと逆に開閉します。

[交差パターンの図解]

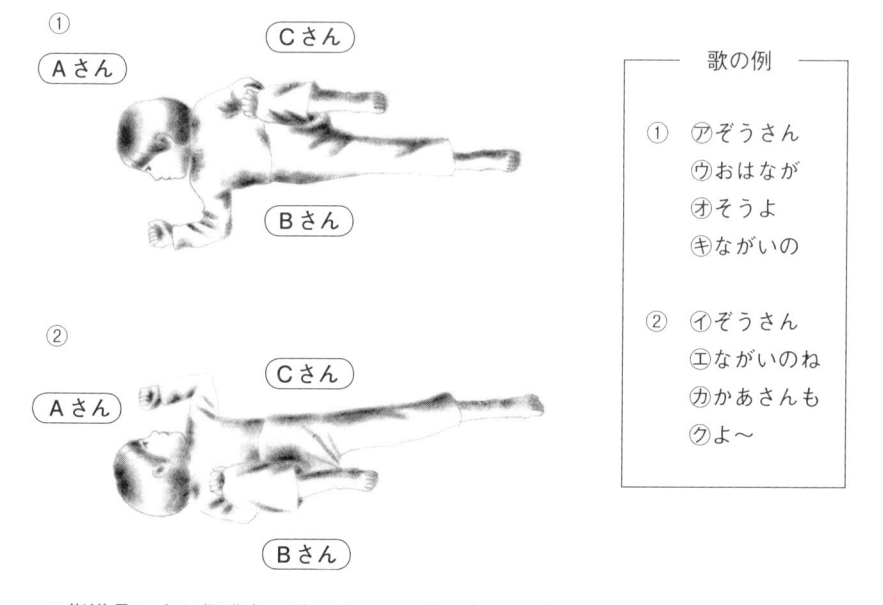

①
Aさん / Cさん / Bさん

②
Aさん / Cさん / Bさん

―― 歌の例 ――

① ㋐ぞうさん
　㋒おはなが
　㋔そうよ
　㋖ながいの

② ㋑ぞうさん
　㋓ながいのね
　㋕かあさんも
　㋗よ〜

※指導員2人と保護者の計3人でその子の好きな歌を歌いながら曲により3〜4拍子ずつ①と②を繰り返し、交差パターンを獲得できるように毎朝働きかけます。

2　9：00▶▶9：30　全身を十分に使った遊びⅠ

- ●「ゆうゆう」では、発達の順序性を大切にして、はう運動に力点をおき、はう運動と感覚統合運動とを遊びとして楽しく取り入れています。
  ※感覚統合とは…脳に流れ込んでくるさまざまな感覚情報を交通整理する脳のはたらき。

・9時になったらみんなで椅子に座り、始まりの会をします。

子どもたちが曜日の順番で前に出て挨拶当番をします。みんなで挨拶した後には施設長が一人ずつに笑顔を向けながら名前を呼びます。名前を呼びながら必ず両手で子どもの頬を包み込むように「大好きという心を込めて」触診し、熱の有無も確かめます。立ちあがりそうになる子どもには、立ち上がる前に両手を子どもの両肩に置き笑顔を向けて行動を止めます。それを繰り返すうちに座っていられるようになります。

・始まりの遊びはその日によって違いますが、皆で手を繋ぎ、歌ったり踊ったりして子どもたちの笑顔を引き出し気持ちを盛り上げます。

・歩けない子どもも中央で中腰（p.64参照）を保ったり、うつぶせでからだを起こしたりできるように介助して一緒に参加します。

第2章● 「ゆうゆう」での実践　049

1 はう・歩く・走る・登るなどの遊び

戸板登り

子どもの力に合わせて板の斜面の角度を変えて登らせます。
笑顔を向けて、子どもが登り上がるのを待ちます。

飛行機遊び

腹筋と背筋がつくように子どもを飛行機にみたてて走ります。

肩上がり

指導員の手の親指を握らせ、床から肩まで登らせます。

　まず、遊ばせる大人が笑顔で楽しく遊びます。筋力の付きにくい子どもも毎日の運動遊びのなかでしだいに筋力がついてきます。今までできなかったことができるようになると、子どもは最高の笑顔をみせてくれます。その笑顔で指導員の笑顔がますます輝きます。

> 遊び合う中で**子どもの笑顔をいかに引き出せるか**、
> その重要なポイントは、**向かい合う大人の笑顔**です。

- 歩ける歩けない、話せる話せないにかかわらず一緒に同じ遊びを楽しみます。
- 同じ遊びのなかで一人ひとりの子どもに合わせた課題をつくり、工夫します。

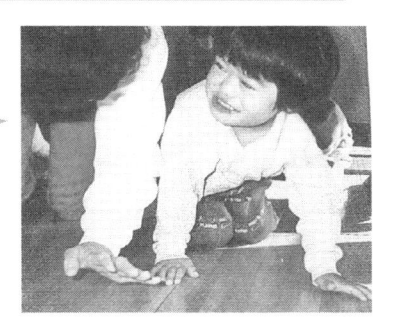

- 一緒にはう遊びを行うなかで、笑い声を引き出し、歌声や言葉を模倣したくなるように遊びを展開していきます。

- 子どもが、楽しいから「もっとやりたい！」と思えるように大人が笑顔を向け、子どもの笑顔を引き出します。
- 毎日同じ遊びでは心からの笑顔を引き出せないので、子どもの笑顔を引き出すために、その日その日で楽しくからだを動かせる遊びを工夫して創ります。

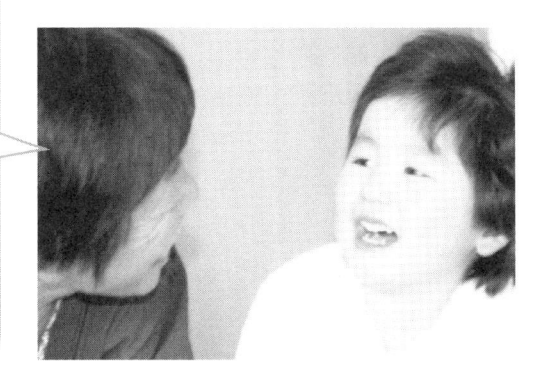

コラム③　河添邦俊先生から学んだ発達の順序性と、はうことの大切さ

筋肉の育つ順序性について

- 筋肉は上から下（頭部から足部）へ向かって育ちます。
- 筋肉は中心から末端（胴体に近い部分から遠い部分）へ向かって育ちます。
- 大きな筋肉から小さな筋肉へと育ちます。

はうことの大切さについて

- 全身の骨格筋を使います。
- 血行をよくします。
- 骨格筋を使うことにより、脳幹部の網様体を刺激し、大脳の働きを高めます。
- 手指の働きを滑らかに力強くします。
- 手指、腕で体を支える力を育てます。
- 胸の骨格筋を育て、呼吸力を高めることにより、声を出しやすくします。
- 首をあげることにより、注視力や平衡機能、姿勢反射を育てます。
- ※随意筋を育てます。
    - ※随意筋とは…自分の意志で動かすことができる手足などの筋肉

はいはいをしないと

1. 手指・腕でからだを支える力が育ちにくいです。
2. 首を強く起こす力が育ちにくいです。
3. 「立ち直り反射」が育ちにくいので、ころびやすく顔を打ちやすいです。
4. 姿勢が悪くなる心配があります。
5. 歩き方がよくなりにくいです。[内股歩きや外股歩き]
6. 座り方がへたになりやすいです。[横座り・とんび座りなど]

はうことの大切さについて

　著者の私は、15歳からレクリエーションを学び、55歳になった現在もレクリエーション・コーディネーターとして親子遊びや障がい者や高齢者の遊びを担当させていただくことがあります。これまで長い年月遊びの楽しさを追求してきたことが、「ゆうゆう」の子どもたちへの遊びとしてどれほど役立っているか知れません。

　「ゆうゆう」開園から現在に至るまでたくさんの遊びを創ってきましたが、全身の筋力（抗重力筋群）を育て姿勢を直立にするには、はう運動に一番効果がありました。簡単にできる遊びですが毎日飽きないように、はうことをいかに楽しく遊びに取り入れるかが向かい合う大人側の力量にかかってきます。といっても、そんなに大げさなことではありません。子どもにさせるのではなく自分自身がはう遊びをいかに楽しむか、だけの簡単なことです。大人が一緒にはってみせ、大人が楽しい笑顔を向けていれば子どもも楽しく遊べるようになるのです。「ゆうゆう」では、子どもが好きな歌を一緒に歌いながら、あるいは模倣遊びで声を出しながら……と工夫し、次の４つのはう運動を大切にしています。

　㋐へそつきばい　㋑膝つきばい　㋒高ばい　㋓手押し車

㋐へそつきばい

床にうつぶせになってワニのようにおへそまで床につけてはう遊びです。自分でできない子どもには左足で床を蹴った時に右手が前に出、右足で蹴った時は右手が前に出るように介助します。足の親指で蹴れるように、また、掌でしっかり床をとらえられるように働きかけます。

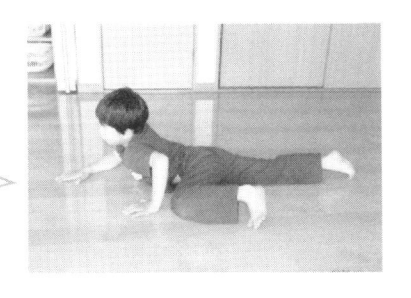

㋑ ひざつきばい

右の写真のように左手左足が近づいた時、右手右足は前後に広がります。筋力がつくと掌が開き、頭を上げて進めるようになります。

ひざつきばいには、足の親指を床に立ててはうはい方もありますが、筋力の弱い子どもは足の指先を立ててはうのは難しいようです。どちらであっても楽しくはえるように遊びに取り入れています。

㋒ 高ばい

ひざつきばいと同じく写真のように、左手左足が近づいた時に、右手右足が前後に広がります。次に右手右足が近づいた時に、左手左足が広がります。筋力がつくと掌がしっかり開くようになり頭が上がります。

㋓ 手押し車

・からだが床に平行になるように支えます。筋力が弱い子どもには、お腹や胸を支えて、床に着いた掌が開くよう介助します。

● 両膝を支えた時、筋力が弱い子どもはからだが弓なりになったり頭が下がったりしますが、筋力がつくと頭が上がり、掌がしっかり開き、からだをまっすぐに保てるようになります。

● 初めは2〜3歩しか進まなくてもそのたびほめてあげ、何度も繰り返すうちに筋力が付き何mも進めるようになります。

なぜ、このはう運動に効果があるのでしょう。それは、河添先生から学んだ発達の順序性にあるように、赤ちゃんが歩行するまでの順序に沿った運動であるからなのでしょう。赤ちゃんは、**首がすわり→寝がえり→左右に旋回→バック→㋐へそつきばい→㋑膝つきばい→㋒高ばい→掴まり立ち→床からの一人立ち→歩行**という順序で発達していきます。その順序を飛び越えないように、また飛び越えていたら「遊びの中で」もう一度やり直し、補うことが大切と考えています。

　最近では、障がいのない子どもでも順序に沿わず、はわずに立ってしまう子どもを多く見受けるようになりました。狭い部屋に多くの家具が並び、すぐに掴まって立つことのできる"環境要因"と、早く座ること、早く立つこと、早く歩くことがよいことのように錯覚をしている"親の子育て力"にも原因があるように思われます。また、赤ちゃんに泣かれると辛く感じてしまう"親の過保護さ"が加わるからかも知れません。はうことは、発達の順序に沿い飛び越えずに獲得させたい運動です。

　自分でうつぶせになってみるとわかりますが、うつぶせになるには筋力が必要です。健康な赤ちゃんでも生まれた時はみな筋力が弱いので、うつぶせになることは容易ではありません。首が座ったら毎日、機嫌のよい時は極力うつぶせにさせることで、重力に反して立って歩くために必要な全身の筋力（抗重力筋群）をつけることができます。首の座りの悪い子どもには、何秒でもよいからうつぶせにさせ、泣きそうになったら抱っこして「よくできたね」と笑顔でほめ、機嫌がよくなったら再びうつぶせにする、これを繰り返すことで筋力がつき、うつぶせでも楽しく遊ぶことができるようになります。母や関わる大人の笑顔を見ることが嬉しくて子どもは何度でも挑戦するようになるのです。<u>訓練を楽しい遊びに変えます。</u>

　ところで、生まれながらに弱さや障がいを持った子どもは、うつぶせになることがとても苦手で、うつぶせにするとすぐに泣きます。泣かれると親は泣き止ませようと、すぐに抱っこをしてしまいます。そうすると、赤ちゃんは「泣けば抱っこをしてもらえる」ということを学習し、抱っこをすれば泣き止み、床や畳に下ろすとまた泣く子どもになってしまいます。泣けば抱っこしてもらえるという誤学習をさせてしまうのも母ですが、そ

れを直していくことのできるのも母です。まず、笑顔を向けて少しだけでもうつぶせにさせてみてください。母の笑顔に子どもは必ず応えてくれるようになります。

　近頃では座位がまだ不安定な子どものために、ソファーなどで座位でも転ばないよう姿勢を保っておける補助椅子があるそうで、それに頼る親もいるようです。しかし、早い時期に座位に慣らしてしまうと、うつぶせになることがますます負担になり、うつぶせにすれば泣く子どもに育っていきます。そして、座位補助椅子を利用しているうちに手や腕、胸や腰の筋力の弱いまま、膝つきばいをせずに、座位移動（お尻を床に着けて座った状態のまま足だけで前進）するようになってしまいます。

　座位移動であっても本人が好きな所へ行けるのだからよいではないか、というお考えの方もおられるようですが、河添邦俊先生や先生のご息女で佛教大学教授・丸山美和子氏から学んだところでは、うつぶせにして両手でからだを支えることで首の立ち直る力がつくばかりではなく、呼吸器系も育ち、掌が開き、手・指先の力がつき、器用に使える手になり更には言語力も育つとのことでした。

　実際に遊びのなかでうつぶせになる遊びや、はう運動を遊びとして取り入れると、子どもたちは歩行の安定だけでなく、掌が開き、指先が器用になり、着脱やボタンかけなどができるようになったり、あごや胸の筋力が強化され、言葉の出なかった子どもに言葉が出てきたり、不明瞭な発音が明瞭になったり、咀嚼力がついて偏食が改善されたり、更には呼吸器系が丈夫になり風邪を引かなくなったり、気管支炎にならなくなったりと、さまざまな嬉しい変容がみられました。

　はう運動をたくさんして手や指先を器用にすれば、お箸が使えるようになったり、ボタンかけやハサミの操作など、そのものを練習させなくても"使える手"に育つのです。過去にこんなケースがありました。彼は年長児でしたが、幼稚園に通園しながらお母さんが毎日ハサミの練習をさせていたそうです。毎日やっているのに直線すら切ることができませんでした。しかし、「ゆうゆう」に入園してから３週間後のこと、受診した専門機関で手渡されたハサミで紙に書かれていた丸を曲線に沿って切ってしまった

というのです。指先を器用に育てるには、いかに全身運動が大切な遊びであるかという証のような話です。けれども筋力は続けて鍛えていないとすぐに低下するので、運動遊びの毎日の継続がとても大切です。「ゆうゆう」では全身運動を行うために、遊びのなかに渡る・くぐる・またぐ…など、はしごでの遊びもたくさん取り入れています。

はしご渡り・戸板・巧技台での遊び

はしご遊びのよさ

1.	手で握る力（握力）が育ちます（手指の力）
2.	腕でからだを支える力（腕力）が育ちます
3.	腕で上体を支えるので、胸の筋力が育ちます
4.	交差パターンを変化させる技がみがけます
5.	首すじ、背すじ、腰の力が強くなります
6.	足を構え、ふんばる力が強くなります
7.	からだのバランスがうまくとれるようになります
8.	平衡機能やからだの動き・姿勢の力が育ちます

『どの子もすばらしく育つみちすじ』河添邦俊・河添幸江著　ささら書房より

② 握力を育てる遊び

魚釣り遊び

　左の写真は、握力を養うための魚つりと称する遊びです。タオルを巻いて縫い付け、丸太のような紐を作り、それをいくつも縫い付けて長くした紐で多人数の子どもを一緒に引っ張って移動します。

　指導員が後ろ歩きしながら引っ張るのですが、子どもたちは、部屋の端から端まで紐を離さず握り続け、ゴールに到着するのを楽しみに握り続けます。握りの弱い子どもには、握り続けられるよう握った手を上から少し押さえてあげ、介助しながら引っぱります。大切にしているのは、向かい合う笑顔と、部屋の隅まで握り続けた達成感です。紐がたるんでしまわないように引っ張るのがこつです。

握る手は親指と他の４本の指を対向させます

　タオルの他にも、棒やボールなどの遊びで引っ張ったりぶら下がったりする力を育てています。握力の弱い子どもには最初は細い棒を握らせます。握力がついてきたら棒をだんだん太くしていき、紐やボールなどでも握れるようにしていきます。

ぶら下がり遊び

　鉄棒や棒を利用したり、タオルや棒状に丸めた新聞紙を利用したり、ボールを利用してぶら下がる遊びです。

　戸外では、雲梯を利用します。

トロルごっこ

子ども3〜4人と指導員が床に寝て、その上を棒にぶら下がりながら越える遊びです。下に寝ている子どもも指導員も両手を上下に動かしながらトロル（絵本の中に出てくる怪物）の真似をしてはしゃぎます。ぶら下がっている子どもも笑顔になってしっかり棒を握ります。途中で落ちてしまわないよう、そして介助し過ぎないように渡らせるのが棒を持つ指導員の腕です。

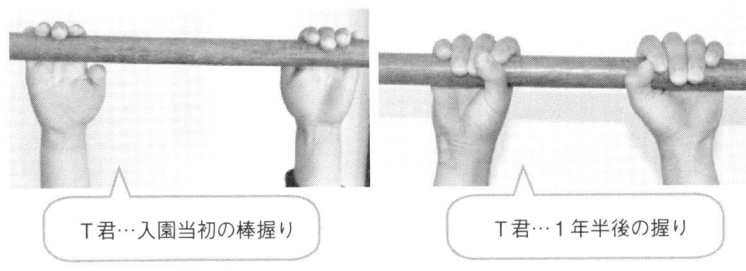

T君…入園当初の棒握り

T君…1年半後の握り

　握力が弱くて棒から手がすぐに離れてしまったT君でしたが、はう運動をたくさん取り入れた遊びを継続するなかで棒をしっかり握り続けることができるようになりました。右手の握りに関しては、親指と中指が対向するまでに発達してきました。左手は親指が棒の反対側にまわってきましたが、他の4指とは対向していない状態です。

【握りの発達】

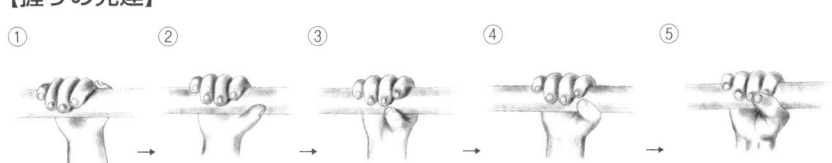

① 同じ側に5本の指があり対向しない状態
→ ② 棒の反対側に親指が回る
→ ③ 親指と中指が対向
→ ④ 親指と人差し指が対向
→ ⑤ 親指と人差し指が対向したうえで、親指に力が入り親指を曲げる段階

３ ゆさぶり遊び

（笑顔と平衡感覚を育てる遊びです）

　ゆさぶり遊びとは、大人が自らのからだを使って子どものからだをゆすったり動かしてあげる遊びです。首の立ち直り反応を育てるので、よく発声ができ、咀嚼力もつきます。そして更に平衡感覚を養う遊びですから、この遊びを楽しめるようになった子どもは、立って歩き始めたばかりでも転ばずに歩けます。また入園時にすぐ転んで怪我をしやすかった子どもも転ばなくなり怪我もしなくなりました。

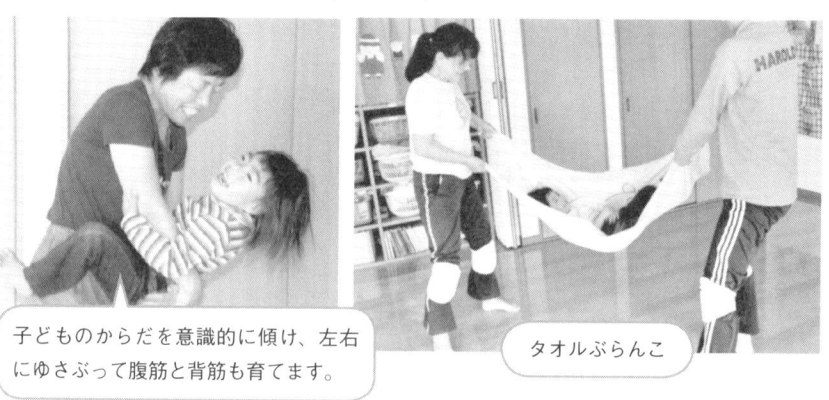

子どものからだを意識的に傾け、左右にゆさぶって腹筋と背筋も育てます。

タオルぶらんこ

　障がいを持ったり、弱さがあったりする子どもたちは、筋緊張が強く脱力できない子どもが多いのですが、ゆさぶり遊びを毎日取り入れることで、少しずつ脱力ができ、ゆさぶり遊びを楽しめるようなからだになります。

運動後の水分補給

　運動を終えたら、『水』を飲みます。冬でも欠かさず水分補給をすることで、代謝が促されます。

　カップで飲めない子どもには、スプーン一匙ずつから始めます。

　たくさんはって遊ぶと手が開き、握る力がつきカップを持てるようになります。更に飲む力もつき、ゴクゴクと続け飲みができます。

3 9:30 ▶▶ 9:40 全身を十分に使った遊びⅡ

1 傾斜45度のスベリ台の逆上り

　45度の傾斜をつけた上り専用のスベリ台です。手の握りと足の親指で蹴りあげる力を育てるために設置しました。一人で上がれない子どもには、滑らずに足の親指で蹴って登り上がれるよう足元を介助します。握りや蹴りだけでなく、体重移動の仕方も獲得できます。

草履を履くと……
- あおり動作（＊）ができ転ばなくなります。
- 足指の操作や蹴りが上手になります。
- 鼻緒の部分を刺激し、血液循環をよくします。
- 外反母趾の予防にもなります。
- バランスよく支える力がつきます。

※あおり動作…足のかかとを着き、小指側から順に親指で蹴り前に進む直立二足歩行の基本動作。

指導員も必ず一緒に高ばいをします。『子どもだけにさせる』ではなく、『共にする・してみせる』を大切にしています。夏は、草履を手にはめて庭を高ばいする子もいます。

2　芝山遊び

　園庭の芝山でもはう遊びをします。芝の斜面を利用したり、大型滑り台を利用したりして、できるだけ『はう遊び』ができるよう大人が一緒に遊びます。

　渡り板を利用して線路に見立てての電車ごっこです。
　電車の歌を歌うと子どもたちは喜んで大人のトンネルをくぐります。くぐったら芝山を登り、スベリ台を滑り…と、繰り返します。

3　棒登り

- 芝山の東側には4m50cmの登り棒を設置してあります。指導員が足を介助して、毎日登る練習をします。棒を握る力と足の指で棒を挟み込んで蹴り上げ、体重移動をする全身の筋力を鍛える遊びのひとつです。
- 全身の筋力が育ち一人で登り棒を上まで登れるようになると、言葉が上達してきます。

④ 雲梯

- 床や室内の梯子渡りで高ばいができるようになったら、戸外の雲梯渡りをします。
- 雲梯の平らな部分は、安全を考慮して特別注文で20cm幅に作った物です。

雲梯でのぶら下がり

- 右の写真のように棒を握ってぶら下がる遊びにも利用します。介助の必要な子どもには介助をします。
- 初めての体験で握る手がするっと離れてしまったように見えても最高の笑顔を向けてほめます。子どもがもう一度やってみたくなるように、笑顔のごほうびを大切にしています。

⑤ タイヤブランコ

- ゆさぶり遊びでは体験できない360度の回転や前後・横揺れなどを体験できる遊具です。
- からだのバランスをとりながら乗り、鎖を握り続ける力もつけられます。

4　指先を使う遊びの時間
9：40 ▶▶ 10：05

手や指先を使って変化する材料を用い、目と手の協応（左右の手の動きを目で見ながらひとつの動きにまとめていく力）した遊びを楽しみます。遊びが重ならないように、曜日によって素材を変えます。

（月曜日）野菜を使って

家でのお手伝いに繋がる玉ねぎやキャベツの皮むきをしたり、いんげんやブロッコリーなどの野菜で遊ぶ日です。

小麦粉粘土づくり

竹の子の皮むき

左手で玉ねぎを持ち右手で皮をむきます

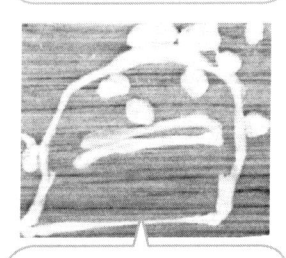

小麦粉粘土でのS君の作品

全身の筋力を育てるために中腰（お尻を床につけずにしゃがんだ姿勢）のできる子は、中腰で皮むきをします。竹の子の皮は、右側からと左側からと順にはがせるので、親指と人差し指を対向させてつまむためによい素材です。また、小麦粉粘土（小麦粉に水・食紅・油・塩を入れて作る）は、口に入れても安全なうえ、丸めたり棒状に伸ばしたり、どんな形にも変化するとてもよい素材です。

(火曜日)　紙を使って

　段ボール紙や新聞紙・紙テープ・トイレットペーパーの芯などを素材に使って、また、シールや折り紙などを使っていろいろ工夫して遊びます。

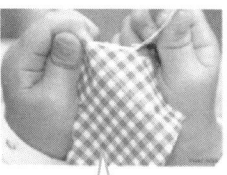

紙をちぎる

花形の紙裏の両面テープを剥がして貼りつけています

　この写真は、子どもたちが新聞紙を何度も破いては拾いをくり返し、小さくなった紙を更に指先でちぎって、紙吹雪にして遊んだ場面です。散らして遊んだ後は、再び大きな新聞紙に拾い集めてまとめてくるんだり、ガムテープを貼ったりして紙ボールを作りました。その紙ボールを使って投げたり受け取ったりする連動した動きも意識して遊びに取り入れています。

　指先で紙をちぎる・テープを剥がすなど、左右の手が別々に動くような器用な手にするためには、床に両手をしっかり着けたはう遊びをたくさんして、腕全体の筋力を育て、手指の力をつけることが大切です。

紙テープつなぎ

(水曜日) 道具を使って

紐通しやボタン掛け遊び、積み木やブロック、ドミノなどで遊ぶ日です。

【つまみの発達】
①親指と中指で

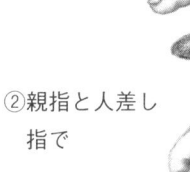

②親指と人差し指で

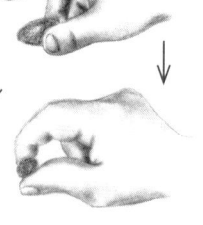

銀紙に包んだ碁石やコインをはがして取り出し、縦・横・斜めに切り込みを入れた牛乳パックの穴にそれを入れる、という連動した遊びです。

> 左手で牛乳パックを持ち、右手の指先でコインをつまんで入れています。右手だけで入れるのではなく、必ず左手で持つように意識付けします。

> 紐通しは短く切ったホースやストローから始めます。左右の指でうまく持ち替えられるようになったら、だんだん小さな穴の物に変えていきます。

> 持ち替えができるようになると、ボタンかけも上手にできるようになります。ボタンかけができないからとボタンかけ練習をするよりも、紐通しなどの持ち替え遊びが有効です。

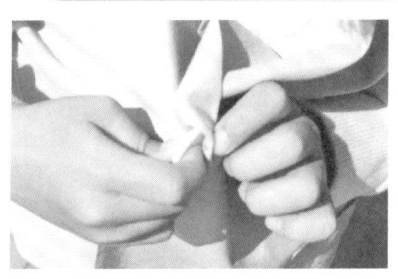

ボタンかけができるようになったR君

（木曜日）絵の具・クレヨン・マーカー等を使って

マーカー・クレヨン・鉛筆・色鉛筆・絵の具などを使って遊ぶ日です。

こいのぼりも絵の具で子どもの手形をつけて手作りをしています。手の開きからも成長確認ができます。

子どもの描いた絵に対しては、①手を上下に動かして打ち付ける、②往復運動のなぐり描き、③グルグル丸のなぐり描き、④グルグル丸の意味づけ、⑤閉じた一重の丸、という形と描く力の発達を大切にみています。持ち方については、平仮名が、左から右に時計回りの手の動きなので、左手使いのお子さんも一度右手に持たせてみて、右手使いができるよう働きかけています。無理に変えさせるのではなく、右手に持ち替えさせてみて、そのまま右手で描ける場合は右手にします。左手は、紙を押さえるよう働きかけます。

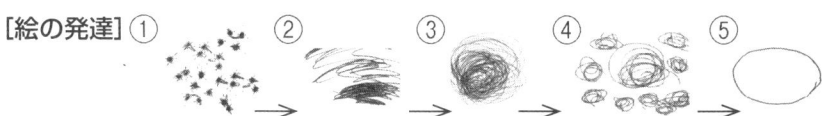

[絵の発達] ① → ② → ③ → ④ → ⑤

S君とのお絵描き
「顔を描いて！」などの指示はせず、子どもと指導員が一緒に体験した出来事を語りかけて画用紙を渡し、描き出しても語りかけ続けながら、子どもが描きたくなるように気持ちを和ませます。

T君の絵…お父さんとお母さんがお話ししている。

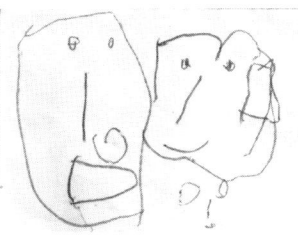

(金曜日) 道具を使って

　天気のよい日は、シャベルやスコップを使って砂遊びをします。天気の悪い日は、室内で積み木やブロックなどで遊びます。

　手足の感覚に過敏のある子どもも、指導員が砂で楽しく遊んでいると、いつしか砂遊びに加わり、笑顔をみせて遊ぶようになります。

　『中腰姿勢を保ちながら遊ぶ』を意識しながら楽しく話しかけ、子どもの笑顔と気持ちと発声を引き出します。

アニマルセラピー

- 金曜日は、「ゆうゆう」で飼っているポニーに乗馬する日でもあります。乗り初めは怖がって大泣きしていた子どもも、回数を重ねるごとに介助者が付かなくてもひとりで持ち手に掴まり、鞍にまたがっていられるようになります。

ポニーの乗馬

5　10:05 ▶▶ 10:20　手遊びと絵本の読み聞かせ

　ピアノに合わせて歌を歌いながら手遊びを楽しみます。
　手遊びの後は絵本を読みます。時々、紙芝居・パネルシアター・エプロンシアター・腹話術なども演じます。読み手の指導員も、聞く子どもたちも床に正座をして向かい合います。筋力の無い子どもは、すぐに床に寝ころびたがりますが毎日の遊びの中で筋力がつくと正座ができるようになります。

　入園当初から手遊びを模倣できる子どもはほとんどいませんが、正座ができるようになると真似ができるようになるなど、「ゆうゆう」での遊びは、からだをつくるばかりではなく、落ち着きと認識力を育てると感じています。

【手遊びをする時・絵本を読む時は】
①読み手自らが楽しみ、子どもに楽しさが伝わるように感情や表現を豊かに演じます。
②滑舌よく語ります。
③初めはゆっくりはっきりと。手遊びは、模倣ができるようになったらテンポを変えて楽しみます。
④子どもの集中を切らさないように心を込めます。
⑤絵本は、短い文の中に作者の思いが込められているので、勝手に言葉を加えてしまわないようにしています。

【立ちあがったり寝そべったりする子どもには…】
①自ら座って聞けるようになるまで、大人がそばについています。
②子どもが立ち上がろうとした時には、立ち上がる前にちょっと両肩を押さえ、ニコッと笑顔を向けます。叱らなくても、行動を止めればダメだということは伝わります。
③寝転ぼうとした時は、寝転ぶ前にからだを支え、元の姿勢に戻します。
④寝転んでしまっていたら起こして、元の姿勢に戻します。
⑤子どもが大騒ぎしても動じないで、ニッコリ笑って姿勢を戻します。
⑥繰り返すうちに自ら正座になり聞けるようになります。
　※これらが就学してからの授業を受ける時の落ち着きや姿勢にも繋がるので、根気よく続けます。筋力が低下すると姿勢も崩れやすく、全身運動の大切さを痛感している毎日です。

選んだ絵本を読んであげています
・心地よい言葉のリズムがある本（美しい言葉である本）
・明るく描かれ、心のあたたかさを感じる本
・生きる喜びを感じられる本
・子どもの想像力をふくらませてくれるような本

子どもたちの大好きな本ベスト10
①『くだもの』(福音館書店)
②『いない　いない　ばあ』(童心社)
③『わたしのワンピース』(こぐま社)
④『みんなうんち』(福音館書店)
⑤『たまごのあかちゃん』(福音館書店)
⑥『はらぺこあおむし』(偕成社)
⑦『しろくまちゃんのほっとけーき』(こぐま社)
⑧『なにをたべてきたの』(佼成出版社)
⑨『ちーちゃんのさんりんしゃ』(偕成社)
⑩『きょうは　みんなで　クマがりだ』(評論社)

6　10：20 ▶▶ 10：30　午前中の眠り（午睡）準備の時間

[着替え]
- 着替え籠を運んで、パジャマに着替えて午睡の準備をします。
- 着替えが自分ではできない子どもには、できないところだけを介助し、なるべく自分でやろうとする気持ちを育てます。

[排泄]
- 午睡の前には、必ず排泄を促します。

7　10：30 ▶▶ 11：30　午睡の時間

※指導員は、この時間を利用して連絡ノートに子どもの様子を記録します。
- 午睡は、午前のこの時間帯にしています。なぜなら、河添先生の研究では、9時頃上昇した体温が10時を過ぎると下がり、この時間帯が短時間で脳の疲れを回復する力が高いからです。
- 眠れる子どもも眠れない子どもも自分の布団で1時間あおむけになって休ませます。泣いて騒いでも、布団に寝かせて布団で眠るということから教えます。家では抱っこでないと眠れなかったり、うつぶせでないと眠れなかったりする子どもでも、たくさん運動した後なので、笑顔を向け根気良くあおむけに寝かすことで、あおむけで眠れるようになります。また、障がいが軽減してくると、この時間に眠れるようになるようです。

- 1歳半前の子どもには午前・午後の2回を、1歳半を過ぎた子どもには午前中のこの時間に1回の午睡を保障しています。
- 年長児の就学前1月〜3月は、午睡せずに就学に向けての時間として散歩をします。ランドセルを背負って登校する練習を兼ねてリュックを背負い、普段の午後遊びでは通らない信号機のある道路などを歩きます。帰ってからは椅子に座り、鉛筆で線書き遊び・お絵描きなどをします。

8　11:30▶▶12:00　午睡後の活動と昼食準備

[排泄]

めざめたら排泄をうながします。午睡後は小便が出やすい時間帯なので必ずトイレに行かせます。オマルでできるようになった子どもは便座で促します。便座で出るようになった男の子は、立ったまま男便器で排尿できるよう働きかけます。

[着替え]

パジャマから洋服に着替えます。

[散歩]

着替え終わった子どもは指導員と共に、園から北に150m程にある『止まれ』の道路標識をめざして散歩してきます。

自由気ままに歩きたがり手をつなぐのが苦手な子どもには、毎日指導員が手をつないで歩きます。大人とつなげるようになったら、子ども同士で手をつないで歩くように働きかけます。こだわりの強い子どもは、常に「手をつなぐ」と固執してしまわないよう、あえて手をつながない日もつくります。

[お弁当準備]

　散歩から帰ったらテーブルを拭いてお弁当の準備です。子どもそれぞれがテーブルまで木の椅子を運びます。手を洗い、お弁当を持ってきて他の子の準備ができるまで待ちます。

テーブルを拭いて準備

　子どもが待てずに泣いたり騒いだりしても、笑顔を向け、歌を歌ったり手遊びしたりして待たせます。繰り返すうちに見通す力がつき、待てるようになります。

9　12：00▶▶12：30　昼食（母の手作りお弁当）

　「愛情は手作りの食事で伝える」をモットーにしています。

　生活リズムを整えることで子どもも大人もからだが丈夫になっていきますが、「ゆうゆう」では、"眠ること"そして"食べて排泄すること""日中の笑顔ある楽しい遊び"を大切にしていますので、お弁当は家庭で手作りしてもらっています。からだは食べる食材でできるのですから、親がよい食材を調理して食べさせれば、それだけの親の努力が子どものからだに表れてきます。病弱だった子どもが丈夫になるだけではなく、食材を噛み込むこと混ぜ込むことなどにより、口の動きがよくなり不明瞭な言語がはっきりし、滑舌もよくなり、聞きとりやすくなります。言語の成長だけではありません。こだわりが強く、食材（特に緑の野菜）をあれこれ嫌う子どもが、自ら何でも食べられるようになると、人や物に対してこだわりも減っていきました。

　「ゆうゆう」では、お弁当について以下のお願いをしています。

　①お弁当は手作りして下さい。

　②レトルト食品・既製品のおかずは使わないで下さい。

　③おかずは、おひたし・野菜炒めまたは野菜の煮物・主菜（魚か肉）を

入れて下さい。
　④旬の野菜を種類多く入れて下さい。
　⑤子どもが嫌いな食材でも入れて下さい。
　⑥ふりかけをかけたり、混ぜご飯にせず、白米にして下さい。

　なぜ、このようなお願いをするようになったかと言いますと、初年度出会ったお子さんのお弁当の中身が｜ごはん・焼きそば・スイカ｜という家庭があったからです。この方は、以前に通園していた園で「お弁当には子どもの好きなものと嫌いなものを入れるように」と言われていたそうです。野菜や魚肉類がなく、炭水化物ばかり多いこのお弁当に出会い、私の食に対する意識が変わりました。"食"を意識させてくれた感謝すべきお弁当です。このお弁当以外でも食に関しては驚かされた家庭が多くありました。

「ゆうゆう」で毎日食べられている母の手作り弁当

　●3歳までお菓子以外は食べたことがない。
　●飲み物は全く飲まず、水分補給はスイカとメロンとリンゴ。
　●ジュース・牛乳ばかり飲んでいて、水を飲んだことがない。

　など、弱さがあるが故に子どもが食べてくれるものなら、飲んでくれるなら何でもよいとの思いからでしょうか、とんでもなく偏った食生活を送っている家庭が多く見られました。例えば、白米は食べていたとしても、

　　●おかずは、納豆か卵だけ。
　　●野菜は全く食べない。
　　●偏食が多い。
　　●むら食いをする……など。

　食べ方も、
　　●集中して食べられず、一口食べるとすぐに出歩く。
　　●硬め（噛む物）の食材（肉や野菜）は、口から出す。
　　●手づかみで食べる。

- 食事中にスプーンやフォークを投げる……など。

　たくさんの改善すべき点がありました。そのため、上記のような内容の"ゆうゆう弁当"をお願いするようになりました。母親のお弁当が食べられ偏食が改善された園児には、他家の食材や味にも慣れるよう母親同士グループをつくったお弁当当番（希望者のみ）に加わってもらいます。特に、食材や色・切り方・味付けなどにこだわりが強い園児は、いろいろな家庭の食材の切り方や味に慣れておくと、卒園して幼稚園や保育所または小学校に入学してからも偏食なく、給食を残さず食べられるようになるからです。もちろん、お当番に入る・入らないは自由ですから、毎日個人でお弁当を作る保護者もいます。

　ところで、買い物をする時は母親だけが買いに行くのでなく、子どもを一緒に連れて行くことを勧めています。なぜなら、店に入る前に親が「今日はお菓子は買わない」と子どもに伝えておき、子どもの欲しい物があっても我慢させ、親が主導権を持つことを体験させるよい機会だからです。また、人参やジャガイモなどを子どもに見つけさせ、買物籠に入れさせるなどすれば、物と名前を一致させる学習にもつながります。

　入園前の母親は、食事づくりの時間には子どもにテレビやビデオを見させている人が多かったのですが、入園後は、子どもにキャベツちぎりやブロッコリーの房割り・玉ねぎの皮むきなどを手伝ってもらうよう勧めています。これらは、手や指先の遊びになると共に料理を作る楽しさの学習にもつながるからです。子ども自身が手をかけた食材が料理として食卓に並ぶことで偏食の改善にも役立ちます。親子一緒の食事作りで、子どもが一人で過ごす時間が減り、親子のふれあいもでき、お手伝いさせることで子どもをほめてあげることも増えます。「ゆうゆう」の保護者には、そうした工夫をしながらの夕食作りを実践してもらっています。

椅子に座って左手でお弁当を持ち、右手にスプーン・フォークを持って食べられるように働きかけます。

お弁当への思い ── 布施伸子（「ゆうゆう」生活2年）

　お弁当を作るときに心がけていることは、まずは食材選びです。「まごわやさしい」（p.29の図参照）を意識してバランスのよいお弁当にし、味付けも極力濃くならないように心がけています。食材の大きさは、噛みちぎれて、口の中で混ぜ込めるようにとアドバイスを受けて、やや大きめに切っていますし、繊維質の多い根菜もなるべく使うようにしています。朝、お弁当作りに費やす時間も毎日作っていると慣れてきて、手際よく作れるようになりました。圧力鍋も使っていますが、だいたい30分くらいでできています。

　「ゆうゆう」に入園する前の食事は…今に比べると、とても恥ずかしいものでした。朝、私自身が起きる時間が遅くなってしまい、朝食を作る間がなければ、カップラーメンとごはん（もちろん毎日ではありませんが）。休みの日には外食することも多かったです。その当時の私は、食事は何でも食べればいい…そんな意識でした。「ゆうゆう」に通園するようになって食事に対する意識が変わりました。「愛情は手作りの食事で伝える」と、食事は愛情をかけて手作りしてあげる大切さを学んだからです。食事の内容を変えると、息子のからだが丈夫になってきました。1歳半の頃は、気管支炎で入院したこともあったのですが、現在（5歳）では、めったに風邪も引かなくなりました。

　入園当初（3歳）は、青菜を嫌がったり魚類は飲み込むのに時間がかかったりと、偏食もありました。しかし、「空腹の時こそ、嫌いな物から食べさせるように」と教えていただき、毎日「嫌いな物から食べさせる」を根気強く続けてきた結果、青菜を好んで食べ、魚類もよく食べるようになりました。食材が何でも食べられるようになると言葉の発音も徐々によくなって、何を言っているのかよく聞き取れるようになり、言語も増えました。

　それと同時に家族みんなが健康になっていくのもわかりました。特に兄（8歳）にとっても早い時期に気付くことができ、しっかりした食生活に切り替えられたことは本当によかったと思っています。体つきもしっかりして

きましたし、集中力もつき、学校での学習もよく理解できるようになっているようです。

　食事は本当に毎日の積み重ねであり、作る側がいろいろと配慮して作ってあげなければいけないと思っています。大人も子どもも皆、口から入れたものでからだを作っているんだと思った時、ただ食べればいいのではなく、愛情を込めて、手作りで、なるべくいろいろな食材をバランスよく入れて料理したいと思うようになりました。

　三度の食事を金銀銅でたとえると、「朝食（一日の始まり）が金、昼食が銀、夕食は銅」ということも意識しています。それから、「食が満たされると、落ち着きが出てくる」「食事の好き嫌いがなくなってくると、誰とでも分けへだてなく遊べるようになる」なども、教えていただき実感しています。食事の時にこそ、挨拶・座って食べる・食器を持って食べる・皆が食べ終わるまで待つ・片付けをする等、躾もできます。これからも、「食」を大切に生活していこうと思っています。

子どもへの食についての思い ── 栗原みさ（「ゆうゆう」生活1年）

　最近、私には理解のできない事件が多くなりました。イライラするからという理由で蟻を殺すかのように、人を殺してしまう人達が増えたということです。こんな人達の"食"を調べてみると、ほとんどがコンビニ弁当や、ポテトチップス、炭酸飲料、外食での肉類の頻度が多く、これらが原因のひとつとして考えられるようです。

　「おにぎりが大好きです」という言葉にほんわかした温かさを感じたものの「コンビニの○○おにぎり最高です！」との言葉を聞いて唖然としてしまいました。子どもを産み、母となれた私にとって「おにぎり」とは、母の手で握るから美味しい！　と思う一品なのです。心の入っていないコンビニおにぎりを美味しいと感じ、育つ子どもが、親を大切にしたり人の痛みや苦しみをわかる子に育つのでしょうか？

スーパーの弁当を毎朝電子レンジで"チン"して食べている子どもがいるそうです。"チン"は母がしますが中味はすべて既製品で、見た目は綺麗で豪華ですが、食べる子どもは嬉しそうでも幸せそうでもないようです。母親が家族の顔を思いうかべながら、からだに大事な食材を使って手作りし、家族は母が作った物を「美味しいね」と皆で食べる。種から立派に育ってくれた野菜に感謝していただく。そうした家庭で育ったなら、やさしくて強くてたくましくて、「幸せを幸せ」と感じられる人に育つ！　と私は信じています。

食とこだわり ── N君のお母さん

　「食とこだわりについて」文集に書かれたN君のお母さんの抜粋文を紹介します。
　『目が合わない、呼んでも振り向かない、自傷・他害行為がひどい、ぎゃあぎゃあ泣きっぱなし、歩かない、睡眠障害、常同行動が頻繁にある（ジャンプ、サークル、拍手、奇声）こだわり、何しろ大変でした。抱きしめるといつも噛み付くので自分の子どもなのに本当に怖かったです。何度も何度もNに「ママだよ！」と声を掛けました。本当に辛かったです。毎日私は泣いていました。「ゆうゆう」を知り、見学に来た時はただただびっくりしました。先生や子どもたちが笑顔で明るい！　本当に障がい児なのか？　と思うくらい普通に活動していました。Nは、偏食がひどく柔らかいものしか食べていなかったので"ゆうゆう弁当"は本当に大変でした。偏食の直し方を教えていただき、本当に何でも食べられるようになりました。柔らかい物ばかりで噛まずに飲み込む事が多かったので、大きさ、硬さ、食材を増やしお肉も食べるようにしました。よく眠れるようになり、笑顔が増えました。こだわりも成長とともに変わりますが、ジャンプ、奇声、拍手がぐんと減りびっくりしています。今は本当に楽しいと思えるようになりました。大変だった事を忘れています。本当に幸せです。』

10　12:30▶▶13:00　昼食後の遊び

　お弁当を食べきったら、絵本を読んだり、ブロックで遊んだり自由に遊びます。45分になったら楽器遊びをします。マラカス・カスタネット・トライアングル・タンバリン・シンバル・木琴・ウッドブロッケンをそれぞれ持ち、勝手に音出しせずピアノと歌に合わせて鳴らします。

　毎日続けていると、好きな楽器ができてきたり、テンポにも合わせたりできるようになります。

　楽器遊びを通しても、待つ力が育つと感じます。

11　13:00▶▶14:30　午後遊びの時間

〔この時間帯は〈歩行確立のグループ〉と〈歩行不安定・未確立のグループ〉とに分かれて遊びます。〕

● 天気のよい日の午後、散歩をしながら公園へ行ったり、ゆうゆう号（ワゴン車）に乗って離れた公園に出かけたり、広い場所でおもいっきりからだを動かして遊ばせます。雨の日でも、児童館などを利用してできるだけからだを動かせるよう働きかけます。
　散歩コースには…神社・公園・市民体育館・河川敷・公民館などがあります。階段や斜面の上り下りをしたり、どんぐりや落ち葉を拾ったり、ブランコや滑り台などの遊具で遊んだり、土手歩きなども楽しんだりしながら散歩をします。

● 指導員だけでなく、保護者にも順番にお当番として参加してもらいます。

なぜなら、子どもとの関わり方を学べる大切な時間だからです。開園時に出会った小学校高学年の障がい児を持つお母さんから「子どもが小さい時に親が子どもとの関わり方を学ぶ機会がないと、大きくなってからでは難しいよ」と、アドバイスをいただいたのがきっかけです。

- お当番になったお母さんには、自分の子ども以外の子どもを担当してもらいます。他の子どもと遊び合うことで、その子がどんな問題を抱えているのか、どんな風に接したらうまく遊べるのか？　などを学んでもらえるからです。他の子どもとの関わり体験をすることが、自分の子どもとの遊び方・接し方の振り返りにもなり役立つからです。
- さらに指導員による子どもとの接し方・遊ばせ方も参考にしてもらうことができます。遊び方や接し方は、言葉で伝えることよりも体験してもらうことがよりわかりやすく、大切なことと感じています。

12　14：30▶▶15：00　間食と降園

[間食について]

「ゆうゆう」では、間食はよく活動した場合だけにしています。園庭に植えてある季節の果物（サクランボ・プラム・プルーン・桃・ビワ・ブドウ・ミカンなど）と畑で採れる旬の野菜です。できるだけ皮つきのままで食べるようにしています。

皆で楽しくくだものや採りたての野菜を食べることで、くだものや野菜嫌いが改善される子どもも多いです。

大根を食べるT君

[降園]

保護者と指導員とで連絡ノートに書けなかった当日の子どもの様子（特に今日できるようになったことや午後の遊びの様子など）を伝達しあい、保護者は生活表と連絡ノートを持ち帰ります。

13 13:30▶▶15:00 保護者支援としての午後の面談

1 午後の面談のはじまり

　「ゆうゆう」では、保護者と施設長（著者）との個別面談を大切に位置づけています。開園当初は保護者からの夜の電話相談が多く、毎晩かけてくる人もおり、中には3時間にも及ぶ相談もありました。その対応に追われるなかで、「他の人には知られたくない・聞かれたくない・でも誰かに話してわかってほしい」、「目の前にいる我が子への対応のしかたを教えて欲しい」等々、親の気持ちを吐き出し自分自身を取り戻す場・子どもへの関わり方を知りたいという母親の要求を強く感じ、面談の必要性を強く感じたからです。

　子どもの遊びの時間は、午前9時からを最も重視し、私も一緒に遊ぶため、親との個別面談は午後に行います。保護者と本音で話せ、笑い合える場でありたいと願い、一家庭1時間30分ほどを確保しています。日々の成長記録は記述だけでなく、子どもができるようになったことをその日に写真に撮るようにしているので、保護者にその写真を見てもらい視覚からも成長を確認してもらいます。毎月、この面談を繰り返すなかで、保護者自身が息抜きでき、子どもの小さな成長も見逃さない目を養えるようになり、共に喜び共に次の課題を確認しあう大切な時間となっています。

　最近では父親も一緒に面談に参加してくれるケースが増えてきました。父親が一緒に参加することで家庭に戻っても夫婦で子育てについて話し合うようになったり、家族と園とで対応を同じようにしたりすることができ、特に、困った行動をなくしていくためには子どもを取り巻く大人みんなが同じような対応をしていくことが大切で、そうすることで早く改善することができます。

2 面談の役割と効果

（保護者アンケートより）
- 園での様子をよく聞くことができ、情報交換できる。
- 親の見落としがちな子どもの成長に気付かせてもらえ、子どもを見る目を養ってもらえる。客観的にみられる。
- 親の心に抱えている不安や重荷を吐露できる。
- 時間をかけて相談にのってもらえるので、一人で悩み続けることが減り、安心して生活ができるようになった。
- 一緒に笑い合うことが増え生活を楽しむ余裕がでてきた。
- 自分一人の考えだけで解決しようとせず、子どもに対していろいろな見方ができるようになり、家族の衝突が減ってきた。
- 悩みを相談し、アドバイスをもらえ、心の詰まりがとれ、気持ちがほぐれ、頑張ろうと前向きな気持ちになれる。
- 毎日接している人なので、困っていること、相談したいことなどが話しやすい。
- 子どもに聞かれずに発達の悩みを話せる。
- 失敗談などを楽しく聞くことで、育児のヒントになる。
- 家庭の事情や兄弟の対応についても相談できる。
- 家庭でやれることの具体的なアドバイスをもらい、今の課題がわかるので実践につながっていく。
- 忘れかけていたことを振り返ることができる。
- 問題行動の対応方法や解決策を一緒に考えてもらえる。
- 改善に向けて、家庭と園で足並みを揃えられる。
- いろいろな話を聞きながらよく笑うので、自己啓発というか向上心や行動を起こす勇気がもらえる。
- 生活リズムを確立するために不明な点や心配事を相談でき、いただいたアドバイスを実践すると改善できる。
- 自分の考えだけでなく、意見が聞けて役立てられる。
- 会話が楽しいので、家に帰ってからも笑顔を向けられる。

●面談での話を基に夫婦で子育てに関して話し合う機会が増えた。

【ある日の面談でのQ&A】

Q．・兄弟がどもる（吃音）ようになってしまったのですが…

A．・『困った時こそ困らない』『心配なことは心配をしない』ことが大切です。どんなに心配でも子どもには困った表情や心配な顔を向けず、『困った時こそ笑顔』です。子どもがどもった時に心配な顔をしたり、言い直しをさせずにニッコリ笑顔を向けて、あせらせずに話し出すのを待ってあげましょう。

・自信をつけさせましょう。「自信を持って！」などの言葉掛けはよけいに自信を失う結果になる場合もありますから、気をつけましょう。ほめて認めることを増やすためには、お手伝いをしてもらうことをお勧めします。

・お手伝いは「手伝って！」と言ってさせるのではなく、子どもが手伝ってくれた時に「ありがとう。助かったよ」などの"お礼の言葉＋こころ"を伝えると、子ども自ら手伝ってくれるようになります。

・生活リズムを整えることが基本です。ちょうど良い時にちょうど良いホルモンが分泌されるよう毎朝、早起きをしましょう。

・楽しさを伝えましょう。親子で一緒にたくさんからだを動かして一緒に笑い合うことが大切です。

面談後、お母さんが気にしないようにして一緒に遊び、笑顔をむけるようにしていたら、3日後にはほとんどどもらなくなったそうです。

ある母親からの感想より

　私にとって月1回の面談は、とても癒される時間です。
　子どもの相談などはもちろん、普段自分が思っていることや悩みなども話せる大切な時間だと思っています。それに、いつもあわただしいので、先生とゆっくり話せて私は楽しくなります。面談が終わった後のすがすがしい気持ちが好きです。

コラム④　河添先生から学んだ笑顔の大切さ

ドーパミンは幸せホルモン

　人と人とが仲良く面白く交流して笑い合う時に、嬉しい・楽しい・面白い、という情緒の働きで脳の中にドーパミンというホルモンが多く分泌されます。
　その時瞳孔が少し開くので、**瞳が輝いて見えます。**

ドーパミン分泌が良いと…
大脳（前頭葉）の働きを育てます。

前頭葉は、・人格脳（精神力が強い・やる気・意欲）
　　　　　・耐性脳（がまんができる）
　　　　　・自己統制脳

ニッコリ笑うと
意志（やりぬく力）も強くなります。

実践して著者が強く思ったこと

——心配な子どもにこそ——

関わる大人が子どもに対して

輝く瞳で笑顔を向け続けることが大切です！！

第3章

事例編
子どもの育ち

> **事例1** 通園したその日から変わったひで君

（3歳1カ月から15日間の取り組み）
[ひで君母親の手記]

　息子は現在3歳1カ月。身長87㎝、体重9kgという3歳児としては小さくて痩せすぎのからだです。まだ歩けずに、膝つきばいでの移動、言葉は単語をたまに発する程度で運動面・知的面共に遅れがあります。

　生後直後からミルクの飲みが悪く、40ccを飲みきるのに30分くらいかかりました。食の細い子だと思っていたのですが、4カ月検診で体重の増加不良と筋緊張低下との指摘を受け、検査入院となりました。血液検査・MRI・染色体などの検査をした結果、原因不明の発達遅滞ということで定期的に検診を受けることになり、医師からは睡眠のリズムを整えることと、首がすわった頃からはいはいの練習をするように指示を受けました。

　睡眠のリズムは朝7時に起きて、夜9時に寝るという内容でした。また、7カ月からリハビリ【PT（理学療法）：週1回、OT（作業療法）：週1回、ST（言語聴覚療法：月1回】を受けることになりました。その他に母子で1～2カ月間のリハビリ入院も4回しました。入院してリハビリを受けると運動面・知的面の成長を感じましたが食事に関して偏食・少量しか食べられないなどは変わりませんでした。食事の量を増やすために色々と試みました。食事を与える人を変えてみる。食事を与える環境を変えてみる。食事の間隔をあけてお腹を減らしてみる。でも、どれも効果は無くて、食べる物を食べる時に食べたいだけ与えるという生活でした。

　主人の転勤に合わせ、群馬に引っ越ししてきました。何か一つでも変わってくれればと思い、今までのリハビリの状態を考えると駄目でもともとという気持ちで「ゆうゆう」に入園を決めました。「ゆうゆう」は、河添理論を取り入れ、6時起床で夜8時就寝を勧めていましたので、家でも入園する4日前からその生活に取り組みました。それでも寝付きに30分～1時間ほど時間がかかり夜泣きもありました。それなのに、通園したその日から夜泣きが無くなりました。入園と同時に朝の散歩（といっても歩けないので抱っこで外気浴をするといった感じでしたが）も始めました。

驚いたことはまだあります。初日に絶対に残すと思って作ったお弁当を全部食べ切っていたのです。「え？　本当ですか？」と聞いてしまうほどビックリしてしまいました。時間は40分ほどかかったそうですが、完食だったのです。その日のおかずは息子が好きなおかずはウインナーだけで、他は嫌いな食材でした。普段食べないふりかけ無しの白ご飯におひたしや煮物などのおかずです。信じられませんでした。なんと夕食も、それまで食べなかった食材も全て食べられ、食事量も今までの2倍以上食べました。今まで苦労してきたのは何だったのだろうという感じです。本当に信じられない出来事でした。

　「ゆうゆう」では、もう一つビックリしたことが起きていました。2歳半から半年以上トライしていたのに一度も成功したことのないオマルでのおしっこを初日にして成功させたのです。しかも2回も。本当にビックリしたのと嬉しいのとで涙が出そうでした。その後も毎日できることが増えています。朝7時ではなく6時に起きるという生活に変え、笑顔を向けた運動保障をしただけでこんなに変わるとは思ってもみませんでした。「ゆうゆう」にもっと早く出会いたかったです。そして、悩んでいるママさんに教えてあげたいです。

通園して8日目のはいはい遊び

指先が縮んでいる。左右の手を交互に出すものの前後の手の開きは少ない。

通園して15日目のはいはい遊び

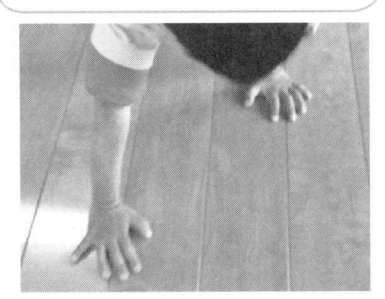

手が開き指先も伸びている。左右の手が前後に大きく開き素早く進む。

通園前	通園して2日後
・偏食（食べられる食材・量共に少ない）	・何でも食べられ、量も2倍食べる。
・夜泣きがある。（夜中に2～3回起きる）	・夜泣き無く、朝まで熟睡できる。
・寝付きに30分～2時間かかる。	・5分くらいで寝付く。
・過敏症で芝の上や砂に触れられない。	・芝山や砂遊びが嫌がらずにできる。
・紙パンツ使用。オマルでできない。	・パンツで時間排泄でオマルに成功。
・マグマグ使用。	・コップを持って自分で飲める。

事例2　振顫（しんせん）が少なくなったそう君

※振顫…目や手が振るえる症状

（10カ月から6歳6カ月まで、5年8カ月間の取り組み）

[そう君母親の手記]

　息子は、かなりの難産で生まれ、負担が大きかったということで、生まれてすぐに救急車で運ばれました。すぐに一通りの検査をしましたが、その時は特に異常は見つからず、10日で退院をしました。退院したその日から大変な毎日が始まりました。

　息子は、とにかくよく泣く子でした。抱っこをしていないと泣くので、授乳をしてやっと寝ついたかと思い布団に寝かせると敏感に起きて泣くので、私は壁にもたれかかって抱きながら寝ることも多かったです。息子が3カ月になる頃も、相変わらず抱っこをしていないとよく泣きました。

　しかし、この頃は車に乗せると泣き止み、車の中で揺られると眠っていました。それでも、抱っこと車以外は、まだよく泣く子でした。夜も夜泣きが多く、毎日近所迷惑が気になるほどの大声で泣くので、仕事のある主人を起こしてはいけないと、リビングに行き、息子が泣き疲れて寝るまでずっと抱っこをしていました。それでも寝ないときは、深夜にドライブに連れ出し、車で寝かせることもありました。

　日中も、一人遊びはできなかったので、手遊びや散歩、本読みをたくさんしてあげましたが、息子の反応はにっこり笑う程度でおもちゃに手を伸ばしたり、握って遊ぶということをしませんでした。同じ年頃の子に比べ

て、どんどんできないことが増えていくことに不安な毎日でした。この頃も1カ月に一度小児医療センターに通っていましたが、いつも「様子をみましょう」と言われるだけで、どこに問題があるのか聞いても「発達が少し遅れている程度でこの先のことはわからない」と言われ、何をしたらよいかと聞いても「たくさん遊んであげてください」と言われるだけでした。

　子どもの成長に不安を抱えていても、育児の相談のできる友達もなく、親に話せばとても心配をするのであまり電話もできず一人で悩んでいるとき、育児サークルを知り、そこで初めてママ友達ができ、息子の発達についてなどを相談できました。そして紹介されたのが「ゆうゆう」でした。《とにかく1時間でも離れて休みたい。息子を育てていくことへの不安を誰かに聞いてもらいたい》という気持ちで、見学に行きました。

　「ゆうゆう」は、発達に遅れがある子どもや障がいを持つ子どもの集団だというのに、想像していた保育所とは全然違いました。そこにいた元気な子どもや先生の笑顔に圧倒され、こんな刺激的なところなら、息子はきっと楽しいだろうと思いました。そして、見学した後今井先生とお話をさせてもらいましたが、その時のことは今でも忘れません。「今は座る力もないのに座らせている状態」「まず今すぐやらなければいけないことはうつぶせから！」と言われ、もみほぐしや引き起こしなど次々に今やってあげられることを教えてもらいました。それまでは誰に聞いても息子に何をしてあげたらいいのか答えてくれなかったのに迷わず答えてくれて、"してあげられることがある"という嬉しさとその自信に満ちあふれた先生の笑顔にその場で入園をお願いしました。

[「ゆうゆう」での取り組み]　　　　　　　　　〈指導員手記〉

　入園時は、すぐに座位になりたがるので、とにかくどんなに少しの時間でもうつむけになれるよう働きかけました。家庭では、泣けばやらなくても済むという誤学習をしてしまっていたので、泣いても自分でできることは自分でする！　ということをそう君にわかってもらうために、同じ場面では何度も何度も何度も繰り返してやってみせ、やらせてみせて、できるようにしていきました。

素直な性格で、頑張る力のあるそう君でしたから、へそを曲げてごねても、こちらが笑顔で妥協せずに待つと気持ちを立て直してやりきることができました。当時を振り返ると、根競べの毎日でした。
　筋力が付きにくく落ちやすいからだなので筋力の低下を防ぐことが最大の課題です。そのためにもどんなに少しの時間でも高ばいを続けられるよう本人のやる気を起こすような働きかけが大切なことと考え笑顔を向け続けました。

とりくみの結果から

入園時（7カ月）	入園から7カ月後（1歳2カ月）
・抱っこ以外泣いていることが多い	・むやみに泣かなくなった
・寝起きに手を握ったままプルプル震えることがある	・寝起きに手が震えなくなった
ニッコリはするがほとんど声は出さない	喃語がたくさん出てきていろいろな発声をする
名前を呼ばれてもほとんど反応しない	名前を呼ぶと手を挙げる
よく風邪を引く 1カ月に一度は38度以上の熱を出す	風邪を引かなくなった 風邪を引いても咳と鼻水くらいでほとんど熱は出ない
自分では寝たままで全く動かない	・家の中をはい回っていろいろな物を引っ張り出して遊ぶ ・たくさんはえるようになった ・階段をはって登れる ・一人遊びが少しできる
座位にさせると右側に転びやすい	座位でも転ばなくなった
水はほとんど飲まない	水が飲める
食事は親が食べさせる	フォークに刺してやれば自分で手で持って口に入れられる

[母親の思い]

　「ゆうゆう」に入ってしばらくは、他のお母さんたちのように、笑顔で子

どもの障がいを受け入れるなんて絶対にできないと思っていました。しかし、毎日の送迎時や毎月の保護者会でお母さんたちと話をするようになり、「初めはみんなそう思ってたよ」とか「必ず今より楽になるから大丈夫」と励ましてもらい、とにかく先のことは考えないで、今やれることを精一杯やろうという気持ちになりました。

　息子はと言えば、家で座布団を背もたれに座るだけの生活をしていたのですから、入園した当初はうつぶせ姿勢を数分とるだけでも大変だったと思います。親と離れての遊びも初めはよく泣き、泣き止んで遊べても1時間経つ頃は疲れて寝てしまっていました。しかし毎日「ゆうゆう」で朝9時から遊びとして全身運動を働きかけていただいて少しずつ体力もつき、活動にも慣れ、数週間で午前午睡時間の10時半まで起きていられるようになりました。家では入園前は2時間近く寝ていた午後の午睡を1時間くらいで起こすようにしました。また午睡後もできるだけ遊ぶようにしていると夜も熟睡でき、あれほどひどかった夜泣きもなくなり、入園してからすぐに夜8時頃に寝かせると朝の6時までしっかり眠れるようになりました。

　そして入園1カ月後、膝つきばいができるようになりました。しかしはえるようになっても、からだを動かすことが大嫌いだった息子はなかなか自分からはおうとせず、園からいろいろな提案をしてもらい自分でも工夫をしました。50cm前におもちゃを置いて、それを目指して一緒にはったり、段ボールでトンネルを作ったり、お尻を下がり切らないように持ち上げたり、はいはい姿勢を保つように一緒にはったりしました。嫌がって泣くことも多く、泣かれることに親のほうが疲れ、泣かれないように泣かれないようにと思いながらやっていたときもありました。が、そう思っているとき「まず親が楽しくやって見せることが大事」と園からアドバイスいただき、私たち親も"やらせる遊び"ではなく"一緒にやりたい遊び"をと心がけました。すると息子のはう量も少しずつ増えていきました。

　しかし、毎日の"ゆうゆう連絡帳"に「月曜日は動きが悪いです」「月曜日になると手が開きません」と月曜日ごとに書かれ、親がやらなければ子どもは変わらないのだと気付かされ、朝の散歩と休日の9時からのはう遊びは絶対にやろうと決め、正月に実家に帰ったときも、旅行先でも必ず遊

ぶようにしました。主人も協力をしてくれ、朝の散歩は欠かさず行ってくれ、公園でも道端でも人目を気にせず大きなからだで笑いながら息子とはってくれました。

　排泄も大変でした。オマルに座れば拒否をするので、オマルに座らせる時は一緒に付いて本を読んだり、手遊びをしたりしました。他の所でおしっこを漏らしてしまったときは、すぐにトイレへ連れて行き「こっちでしてね」と確認させ、うんちをしてしまったときも、すぐにトイレへ連れて行き、残りはトイレでさせるようにしました。失敗もたくさんあり、「本当に自分で教えてくれるようになるのだろうか」と毎日たくさん出る失敗したパンツやズボンを洗いながら思ったりもしました。それでも教えられる日を信じて、紙パンツにさせず、布パンツを続けました。

　そんな長いトイレトレーニングを経て、4歳で「おしっこ」と言えるようになり、やっと自分一人で失敗がなく行けるようになりました。うんちはと言えばとにかくゆるく、毎回形にならないうんちで病気なのではないかと病院で検査をしたこともありました。しかし、ある日の面談で、今井先生から「本で読んだんだけどココ・ファーム・ワイナリーの人達が毎日斜面を登り降りしながら作業をしていたら、ゆるかったうんちが形のあるものになったんだって」と聞かされ、4歳頃までゆるいと感じていたうんちが、5歳の今ではしっかりしていることに気づきました。ちょうど息子がみんなと山を登れるようになった頃で、筋力の育ちというのは、意外なところも改善されていたんだなと思いました。

　2歳の頃は、歩けない息子のために、主治医に勧められて医療センターのリハビリにも通っていました。リハビリではバランスボールをしたり、スイッチを押す練習をしたり、歩行器で歩く練習をしたりしていました。しかし見ていてあまりにもできそうにないことを練習しているので勝手に辞めてしまいました。そして、とにかくよくはわせるようにしました。しっかりはえるようになってくると、生まれた時からよく見られた振え（これを振顫といいます）が、少なくなってきました。入園当初は寝起きや車に乗った後、また食事をする時などを含め、集中して何かをしようとする時に、手や頭や目が振えたり揺れたりしていました。車に乗って公園に出かけても、

車から降りるとき振顫が起きているのでふらついて転び、頭を打って遊べなくなるということもありました。体調が悪い時や発熱後などは更に振顫がひどく、とくに発熱後はしっかり前が見られなくなるほどでした。「ゆうゆう」では、筋力が付くと振顫も軽減できると思われるとの指導で、とにかくはわせるように働きかけていきました。驚くことに、はう量が増えるほどに、振顫も減っていき、現在（6歳）では字を書く時や、インフルエンザなどの高熱の後に少し出るだけになりました。

　3歳になる頃、歩くことができるようになりました。歩くことができるようになってもバランスはとりづらく、登園中に道の真ん中を歩いていた息子が何もないところでフッとよろけ、一瞬で側溝に落ちて頭を打ち病院に行ったこともありました。歩き始めると、はいたがらなくなったのですが、はうことが減ると、また振顫がよく見られるようになったので、息子にとってはうことは本当に大切なことだと実感しました。また、歩けるようになった身体は、認識力や発語の成長も伴っていました。全く聞き取れなかった言葉も聞き取れるようになり、一人遊びもうまくなり、手伝いも自分から積極的にやってくれるようになりました。そして、3歳のときに2回目のMRIをとりました。生まれて6カ月のときに1回目をとりましたが、そのときには異常がわからず、2回目のMRIで小脳に萎縮があることがわかりました。結果を聞いて、治らない脳の障がいがあることがはっきりしたことで少し落ち込みましたが、家に帰り主人に報告すると、「どこに障がいがあるかわかっただけで、やってあげられることはたくさんある。どんな障がいだろうと、今よくなっているから大丈夫」と言われ、そのとおりだなぁと思いました。どこに障がいがあろうと早起き・早寝・朝の散歩など生活リズムを整えることと、日中に笑い合って筋力をつける遊びをやることは同じ。落ち込んでいる暇があったら遊んであげようと思いました。このときに本当に心の底から息子の障がいを受け入れられた気がします。

　4歳になると1kmは手をつながずに歩けるようになりました。自分でしっかり歩けるようになるまでは、泣いて脱力ばかりしていましたが、先に行って手を広げて待つところから始め、畑の野菜を見に行こうと誘ったり、歌を歌って歩いたり。どうにも歩かないときは両脇を抱えて、とにか

く足を前に出すようにしました。

　「ゆうゆう」生活6年間を振り返って思うことは、息子が自然にできるようになったことはほとんどないということです。「ゆうゆう」に出会わず医師の言う「様子をみましょう」のとおりであったら今頃は全く違う子になっていたと思います。

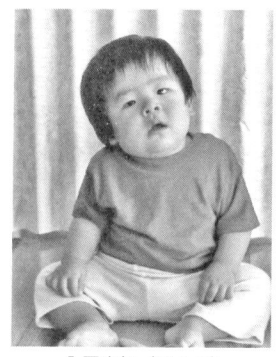

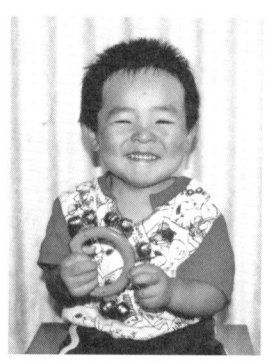

入園当初（7カ月）　　　入園から1年後（1歳7カ月）

　息子が入園した頃の写真をみると、顔には麻痺があり、首は傾き、目は斜視があり、からだはブヨブヨです。入園1年後には、すっかり麻痺のない凛々しい顔になっていました。そんな写真を見るたびに「ゆうゆう」に出会えてよかったねと話をします。

　先日「ゆうゆう」の活動を見せてもらう機会がありました。子どもたちみんなの集中した目の輝きと、その集中を切らすことのないように次から次へと繰り出される遊びに、本当に1秒たりとも無駄にしたくないという先生の気持ちがひしひしと伝わってきました。こんなに一人ひとりに中身の濃い、そして子どもたちがワクワクする療育施設は少ないと思います。

　私は「ゆうゆう」に早くに出会うことができて、《やってやれないことはない》と、息子の成長を信じてこられました。そして親である私たちが信じていると、周りの祖父母、友達も、親戚もみんなそう信じてくれるようになりました。みんな「できないんだね、かわいそうだね」ではなくて、「こんなことができるようになったんだ。すごいね」と息子を応援し、支えてくれるようになりました。これからもその輪がもっともっと広がってほしいと思います。

> 事例3　薬に頼らず健康になったゆーちゃん

（3歳2カ月から4歳2カ月まで1年間の取り組み）

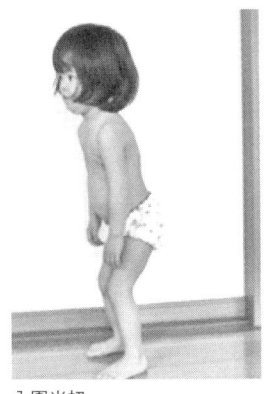

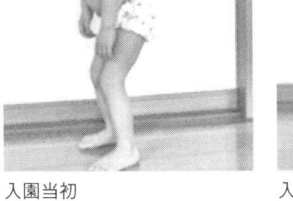

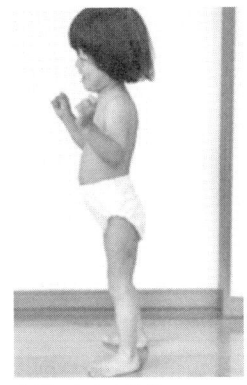

〈写真の解説〉

入園当初
・両膝が曲がり、からだが前傾し、両足を開いて立つ。

入園3カ月後
・両膝が伸び、からだがまっすぐになり、笑顔になった。

入園当初　　　　　入園から3カ月後

[ゆーちゃんの母親手記]

　7カ月で857gで産まれ、生後5日で腸に穴が開き（腸穿孔）手術を2回しました。全体的な発達の遅れがあるが、低出生体重児だったことと、手術後数日間点滴のみの栄養で過ごさなければならなかったことが主な原因で、脳などに重大な障がいなどはないと診断されました。
●首が座ったのは…7カ月
●お座りは…1歳2カ月
●歩けるようになったのは…2歳6カ月

と遅く、歩けるようになってもよく転び、猫背で膝が常に曲がっていて両手を前に垂らした、とてもバランスの悪い姿勢でした。

　1歳8カ月頃、気管支炎から肺炎になり約2週間入院して以来気管支炎になりやすく、だいたい2カ月に1回10日前後の入院を繰り返し、三度目の入院時「小児喘息」と診断され、合計6回程度入院をしました。

　喘息と診断されてからは、毎日3回（朝・昼・夕）4～5包の飲み薬と吸入をしていました。風邪をひき、ゼイゼイしてきたらステロイドのシロップと夜中の吸入を追加していましたが、それでも悪化して入院することもありました。2歳の誕生日で体重8.7kg身長77cmととても小さく、と

にかく体調を崩しやすい子でした。

　2歳2カ月から地元の保育園に通ったのですが、発達の遅れがあるので0歳〜1歳児の組に入り様子を見ました。しかし発達の遅れよりも、体力がついていかず数日通うと、体調を崩し1〜2週間休むという繰り返しで、月平均10日くらいしか通うことができませんでした。歩けるようになり2歳児の組へ移ってからも、体力がなく体調を崩すペースは変わりませんでした。発達のほうも、入院中は柵のあるベットの上で腕は点滴につながれ動くこともできず、家でも保育園以外はほとんど外に出ることもなく過ごしていたせいか、3歳になっても走ることはおろか、早歩きさえできず、食事の時は机など支えがないと左のほうへ傾いて落ちてしまう状態でした。

　NICU退院後から月に1回病院の診察とリハビリがありましたが、体調を崩すとそれすら行けませんでした。また受診しても早く産まれたのだからこの程度の遅れは心配ないと言われ続け、徐々に行く気がしなくなりました。そして発達の遅れより、まずは体調を考えるようになり、「ゆうゆう」に子どもを連れて見学に行きました。その時、発達の遅れや姿勢の悪さなどの問題は筋力が関係するなど話してもらえ、私が長い間不安に思いながら探し求めていた答えが見つかった気がして本当に嬉しかったです。

　入園するにあたっては、18項目の生活のしかたが、今までの生活と全く違う生活のしかたであり、私自身が早寝・早起きができるのだろうか？など不安でいろいろ悩みました。でも、子どもにとって筋力を鍛えて弱さが改善できる可能性があるのならば早ければ早いほどよいと思ったことと、子どもにとってよいことならば母の私にできることはやるだけやろうと思い決めました。

　4月に入園してからは、今までからだが弱かったのがウソのように元気に通えるようになりました。

　こんなに元気なのに薬を飲ませる必要があるのかと思うほどでした。そして以前から薬の多さに不安があったので自己判断でしたが、4月中旬から薬を飲ませずに吸入もせず様子を見ることにしました。入院も覚悟しての行動だったのですが、4月中体調を崩して休むこともなく、今までの薬

漬けの生活は何だったのかと思うほど安定して、信じられないくらい元気でした。5月以降も風邪をひいた時以外は薬を飲むことも吸入することもなく、薬を飲むほどの風邪自体も半年で4回くらいしかひいていません。入園前は、風邪を引けば喘息の発作が起きてしまうことがほとんどでしたが、入園後は風邪をひいても発作が起きることはほとんどなく、その前に治るようになりました。

入園当初	入園から3カ月後
《飲み薬》 一日（三種類）・3回 　ムコダインDS 　ムコサールドライシロップ 　ホクナリンドライシロップ 一日（三種類）・2回（朝夕） 　テオドールドライ 　ザジテンドライ 　オノンドライ 　（三種類ともシロップ） 《吸入》 一日・2回朝夕 　パルミコート吸入液 　メプチン吸入液 一日1回昼 　インタール吸入＋メプチン	※薬…普段は不要 ※風邪を引いた時だけ薬を飲む。 ※風邪を引いた時だけ吸入する。
※風邪をひいた時は上記のほかに 　一日3回毎食後 　エンテロノンーR（整腸剤） 　メイアクトMS小児用細粒などの抗生剤 ※体調が悪い時は 　インタール吸入・デカドロンエリキシル 　追加	

入園前の1年間	入園後の1年間
開園月平均日数 20 日	開園月平均日数 20 日
保育所に通園できた日数 1年間の月平均…10 日	「ゆうゆう」に通園できた日数 1年間の月平均…13 日
早退する日が多い。 欠席理由…病気・風邪・定期健診が主。 (ほとんど毎月風邪を引いていた)	早退なし 欠席理由…定期健診・家族外出が主。 (11月にインフルエンザにかかった) (冬場にはまだ風邪をひきやすい)

　入園前は、健康のことや姿勢の悪さや発達の遅れなど、不安や心配が多く、トイレトレーニングはまだまだ先のことと思っていたのですが、通園して3カ月でうんち以外はほぼ完全に昼夜を問わずおもらしすることもなくなり、とても驚いています。

　姿勢の悪さや、発達の遅れのために「ゆうゆう」に入園させたのですが、一番最初に体調が安定し健康になり、そしてトイレトレーニングまでこんなに早くできるとは…子どもの体に何が起きたのか！　と驚くことばかりです。

事例4　パニックや自傷行為がなくなったあーちゃん

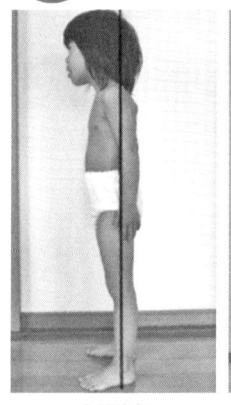

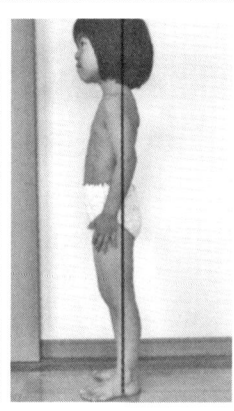

〈写真の解説〉

入園当初
・両足が開き、垂線を引くとからだが前傾し、口元が開いている。

入園2カ月後
・足が閉じ、からだがまっすぐになり、口元が閉まった。

入園当初　　入園2カ月後

困っていたことの変容

入園当初	入園4カ月後
問題行動 ・髪の毛を食べる。 ・癇癪をおこし、噛みつく・投げる等の行動が激しい。 ・よだれを垂らす。 ・転びやすい。	問題行動 ・髪の毛を食べなくなった。 ・癇癪を起こすことが減り、気持ちの切り替えができる。 ・噛んだり投げたりしない。 ・よだれは出ない。 ・転ばない。
姿勢 ・姿勢が悪く、前傾になる。 ・立つ時に足が30cmくらい開く。	姿勢 ・姿勢がよくなった。 ・立つ時に両足かかとが揃う。

[あーちゃん母親の手記]

1000gの未熟児で産まれ「脳幹」が広く運動系の発達に遅れが出る可能性を指摘されていました。お座りまでは遅れはあまりなかったのですが、歩き始めは2歳になる頃と遅かったです。歩くようになっても左足に右足がついていくような、引きずるような歩き方で、右のつま先が外へ向いてしまう状態でした。

言葉も遅く、滑舌もとても悪く、私以外の人にはほとんど通じない状態で、よだれも大量に垂らしていました。

1歳半頃から自分の髪の毛を口に入れるようになり、クセになる前にやめさせようと思い短く切りましたが、その頃使っていたシャンプーが合わず湿疹ができてしまい、痒さからか再び髪の毛を抜くようになり、それを食べるようになりました。それ以来どんどん酷くなり、眠る時や癇癪を起した時や退屈な時など髪の毛がなくなりハゲるほど抜いていました。食べてしまうので便にも大量に混ざっていました。時には毛玉になって便と一緒に出てくる時もありました。酷くなるにつれ床に落ちている他人の髪も食べるようになりました。時にはなだめてみたり、強く叱ってみたりしましたが、逆効果でした。発達も遅く、夜中突然癇癪を起こして暴れることも多かったので、自閉症などの障がいがあるのではないかと思い、いろい

ろなところへ相談に行って検査もしました。でも異常はなく、保健師さんからは、髪も便に排出されているので心配はなく、ストレスからしている行為なので気にしないように言われるだけでした。

　大きくなるにつれ少しずつ行為は減ったのですが、完全にやめることはなくとても悩んでいた時、今井先生に出会うことができました。

　入園後はすぐに夜突然暴れることが、全くなくなりました。ほぼ毎日おもらししていたおしっこも全く漏らさなくなり、行動も落ち着いてきました。２カ月くらいするとよだれもあまり出なくなり、言葉もはっきりしてきました。また、歩き方も走り方も安定してきて転ばなくなり、今までこげなかった三輪車をこげるようにもなりました。そして入園から４カ月経った現在は、本当に落ち着いて、がまんもできるようになり、癇癪も起こすことがほとんどなくなりました。髪を口に入れることもほとんどなくなり、４カ月でこれほど変わるとは思ってもいなかったので本当にビックリしています。

あーちゃんの接し方について、「ゆうゆう」から家族へのアドバイス

[接し方について]
- 心配な時こそ心配をしないで笑顔を向けましょう。
- 初めてできたことは、どんなに小さなことでもほめましょう。
- 言葉が聞きとれなかった時にも、しつこく聞き返さないで下さい。
- 日中にからだ全体を十分に動かして遊びましょう。
　（遊びを保護者に紹介）
- 自分でできることは自分でさせて自信をつけさせましょう。

[自傷行為を止めるためには（あーちゃんの場合）]
- 髪を引っ張ろうとする前に、ニッコリ笑って止め、「あーちゃん、大好きだよ」と言って抱きしめます。
- 大騒ぎして暴れていたら大人は驚かず声かけせずに黙って止めるか、または、安全を確認したうえで無関心を装って放っておき、近くで大人や親や姉妹が楽しそうな遊びをして笑い合うことで、大暴れをしても誰も驚かないし騒いでも誰も気にしないということをわからせ、思い通りに

はならないということを知らせます。
※自傷行為についての詳しくは、p.164 〜 165 参照

[あーちゃんが騒いだ時の「ゆうゆう」での対応]
- どんなに暴れていても、ぎゅっと抱きしめて「あーちゃん大好きだよ」と、耳元でささやき、ニッコリ笑顔を向けました。
- 子どもの困った行為には、親や周囲の大人は困らないことが大切です。「ゆうゆう」では保護者みんなで対応を周知しあってあーちゃんが騒いだ時も心配な顔を向けたり声かけしたりせず、みんなで笑顔を向けました。
- 大人が笑っていると、あーちゃんも立ち直りが早くなり、ケロッと何事も無かったように遊び出しました。
- 普段の生活の中で「認めてほめること」を増やすために、お手伝いができそうな場面をつくり、あーちゃんが活躍できるようにしました。

事例5　補聴器が不要になり歩けるようにもなったたくま君

[たくま君の成育歴]
（1カ月）**小脳に萎縮**があるため運動面・発達の遅れの疑いを告げられる。
（8カ月）検査の結果70 〜 90dBで**高度難聴**と診断される。

　　　　　　　　　たくま君の聴力の変容

COR 検査（スピーカーから出る音での反応をみる）

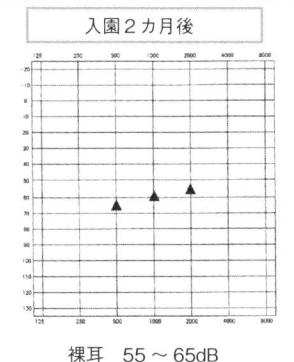

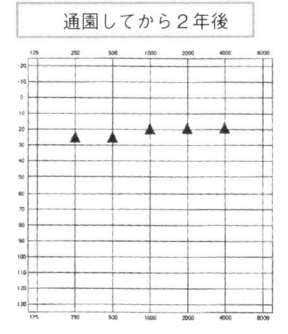

入園2カ月後	通園してから2年後
裸耳　55 〜 65dB	裸耳　20 〜 25dB
補聴器　使用	（音の大小と高低が改善された） 補聴器　不要

[たくま君の母親手記]

　通園してから2年。5歳になって聴力のとてもうれしい検査結果が出ました。生後半年の時には難聴と診断され一時期両耳に補聴器をつけていましたが、入園後は検査するたびによくなり、5歳になった今はささやき声でも聞こえる数値にまで改善され、補聴器は不要となったのです。低音から高音までの聞こえの幅も広がり（p.101表参照）、何より言葉がたくさん話せるようになりました。たくまの場合は耳の組織が欠損しているのではなく聴神経の問題ではないかと医師から言われたので、日頃から全身を使った遊び（大きな動きから指先を使った遊びまで）をしてきたことが脳や神経の発達を促してくれたと感じています。

　振り返ると、「ゆうゆう」に入園したのは2歳0カ月。

　小脳の萎縮があるため、
- お座りは不安定。
- うつむけが嫌いでいつもあおむけ。
- 常に指吸いしている。
- くすぐらないと笑わない。
- 発声はあるが喃語は出ない。
- 細かく刻んだ食事でないと丸飲みする。

入園時のたくま君

など、とにかく他の2歳児とはあまりにも差があり、医師からもお座りはそれなりにできるかと思うが、歩行ができるようになるかどうかはわからないと言われていました。そのうえ、高度難聴も見つかり補聴器を使用していました。

　入園前は、リハビリのために毎週2つの病院へ通っていました。リハビリする1時間のうち半分はおもちゃで遊び、あと半分は泣いてぐずって寝る、を繰り返しているだけで、歩行器に乗せられても足の裏が着かずズルズル引っ張られていました。その姿を見て「歩く」のは夢のまた夢という感じでした。でもその頃は、とにかく何でもいいから少しでもよくなるのなら、という気持ちだけでリハビリしていました。

　ところが「ゆうゆう」に入園してからのたくまは生まれ変わったように

成長しました。今まで困ってきたことすべてが変わったのです。なぜ変わったのか私なりに考えると、大きく２つの点に分けられると思います。
　ひとつめはからだの筋力を育てたことです。小脳の機能はからだの左右のバランスをとり、すべての筋肉や神経の細かい動きを調節する場所なのだそうです。萎縮があるたくまは、調節がうまくできないのでお座りさえもバランスがとれずにすぐ転がってしまい、からだが前かがみにペシャンとつぶれたと思えば急にピーンと伸び、後ろに思い切り反り返り倒れていました。たくまの周りに座布団や布団を並べておかないと、いつ頭を打つか本当に怖くてヒヤヒヤしていました。そのような状態なのでいつもあおむけで過ごすか、からだを横に向け、指吸いしながら過ごしていましたから、歩けるようになるなんて夢のまた夢という感じでした。ところが、「ゆうゆう」に入園してから２年後には歩けるようになったのです。たくさんはいはいしたからです。「ゆうゆう」に通園して、発達には順序性があり、足だけや指先だけや舌や口を動かすだけの練習をしても効果が出にくく、からだの中心部から育てていなければ、いくらその部分を鍛えても発達しないと教わりました。そして全身の筋肉を育てるには、いろいろな遊びを試みたなかで、「はう運動」に一番効果があったそうなのです。
　入園してからはその言葉を信じ、とにかくはってはってはい続けました。といっても入園当初は、はうこともうまくなかったたくまですから、最初はうつぶせにさせることから始めました。うつぶせが嫌いな子なので、先生にうまくうつぶせをさせる遊び方を教えてもらい、家でも私とたくまが相向かいにうつぶせ、歌を歌ったり手遊びをして、たくまがうつぶせ姿勢を我慢していられる時間を少しずつ長くできるようにさせていきました。

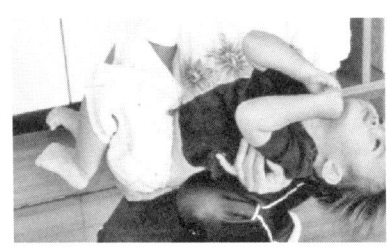

〈入園時の反らし〉
緊張が強く足の指先まで縮む

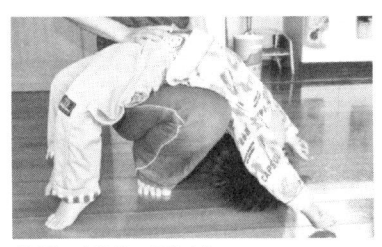

〈入園６カ月後の反らし〉
脱力ができ、手足が伸びる

だんだんうつぶせを維持できる時間が長くなってきた頃、手の力だけで後ろにバックできるようにもなりました。うつぶせで腕が伸びるようになると腰を持って手押し車の姿勢がとれるようになったので、手押し車を歌を歌いながらたくさんやりました。
　毎月面談があるので、その時々の介助のしかたや遊ばせ方を教わり、子どもの発達と共にどんどん遊び方を変え、手の力が弱いと感じたときは"手おんぶ"や"引き起こし"を増やしました。寝返り移動ができるようになり、自分で寝返りながら動くことを獲得した頃から筋肉の緊張、脱力が減り、体幹が育ったことを感じました。
　ひざつきばいができるようになったものの、カエルのように両手と両脚が左右一緒に動いてしまうので、先生からの提案で毎朝登園後に「ゆうゆう」の指導員2人と私とで、たくまの大好きな歌を歌いながら両手足を交互に動かすことを覚え込ませる交差パターンをすることになりました。その他、交互足ではえるよう、後ろから足首を持って前後に動かしたり、両足を動かす瞬間に片足だけをちょっと抑えたりしてみたりすることなどいろいろ教えてもらいました。最初はたくまになかなか理解してもらえなかったのですが継続は力なりです。交差パターンを始めて4カ月くらいしてようやく交互に手足が動かせるようになりました。
　ひざつきばいが安定してくると、大きな声を出せるようになってきました。ひざつきばいの時、顔をあげていることで首の筋肉が育って発声がよくなると聞いていましたが、その通りになっているので納得しました。その後、喃語も出るようになりました。食事もしっかり食べられるようになって舌の動きも少しずつ発達してきたのだと思いました。
　ある日、家でつかまり立ちをしたので「立たせても大丈夫ですか？」と今井先生に質問すると、まだ早いと言われました。たくまが自分でやったのだからいいのでは？　と思ったのですが、「このまま高ばいをせずに歩いてしまったら腰が安定せず転びやすい子になってしまう。成長の順序を飛び越してはいけない」と教えていただきました。その後もひざつきばいを、ひたすら続けました。高ばいを教える時は、後ろから一緒にはいながらたくまのお尻が下がらないようにするやりかたを教わり、同じように家

でも取り組みました。それを半年くらい続けると自力で高ばいをするようになりました。同時に言語がとても発達してきたのは思いもかけないことでした。

　高ばいができるようになると移動はいつも高ばいになり、いよいよ"歩く"目標が近づいてきたことを実感しました。普通の親ならとにかく歩かせる・無理やりでも歩かせてしまいがちですが、先生から「歩く時は歩くんだから無理に歩かせるより高ばいを続けましょう」と言われ、内心疑問

木の椅子を運ぶ
4歳6カ月のたくま君

を持ちながらもその言葉を信じて、引き続き高ばいを継続させました。それから約1年後の3歳10カ月、とうとう歩けるようになりました。夢に見た歩ける日が来たのです。そしてその歩き方は、とても足腰が安定した歩行で道路も転ばず歩けるようになっていました。先生の言うとおり、焦らず我慢して高ばいさせてよかったとこの時心から思いました。今でも高ばいは続けています。なぜなら高ばいをしないと筋力が弱くなり、歩く時に前傾姿勢になってバランスが悪く転びやすくなるからです。

　筋力の発達と共に言語の数も増え、高ばいが完全になった頃は二語文に、歩行できる今では三語文以上の文章になり、歌も音程をとりながら一曲歌えるまでになりました。早起き・早寝を基本とした生活リズムを整え、日中にはう遊びを中心とした遊びを楽しませながら、たくさんしたことで認識力もついたと感じています。

事例6　親の笑顔が子どもを変える

（5歳1カ月から6歳7カ月まで、1年6カ月間の取り組み）

[指導員手記]

　Aさんは美人なのに、いつも心配顔で暗い表情の方でした。お会いした時は必ず、質問攻めにあいます。5歳のO君はというと、眉間にしわを寄せて斜め上を見ては、しかめっ面をしているお子さんでした。自分からは目線を合わそうとしません。Aさんはお子さんの背中をツンツン押して歩

かせていました。O君は歩けるのに、スムーズに歩いてくれず立ち止まってしまうからです。押さないと止まったまま動きません。Aさんは、「O、〜して！」などと指示することが多く、指示をされればO君は動きます。が、自分からの自発的な行動はできませんでした。自ら好む遊びは、しゃがみ込んで砂や泥をつまんでは目の前にパラパラと落とす遊びでした。お母さんは、それを見ると眉をひそめ、すぐに止めさせようと声かけします。重なると語調が強くなり、O君は眉間にしわを寄せたまま泣き顔になるのです。

　Aさんが子育てについて悩みに悩んでいたのは、O君が3歳の頃だそうです。未熟児出産だったため、発達のことでは赤ちゃんの頃から診ていただいていた医師に相談していたそうで、医師からは、「未熟児だったのだから発達もゆっくりですよ」と言われ、ゆっくりでもいつかは同年代の子に追いつくのだと解釈していたそうです。その頃の様子についてお聴きすると、O君は感覚遊びが好きで、戸外ではいつも砂をパラパラ指の間から流して、落ちていくのを見つめる砂落としで遊び、しゃがみ込んで動かず、促してもまたすぐ同じことの繰り返しで母親のほうが外出をためらうほどで、室内ではテレビはもちろん、おもちゃにも興味を示さず、壁・ふすま・畳・床などを爪をたててガリガリ削ったり、叩いたりする遊びを好んでいたそうです。そして、止めさせようとすれば、頭をテーブルなどに打ちつけ、涙を流して悲しい顔をして、止めた母親の顔を見るので、行動は止めたいが悲しい顔は見たくないという複雑な心境で、親としてどうしてよいのか、また誰に頼ってよいのかもわからず、ますます深く悩んだそうです。

　医師以外の相談機関では、「壁を削ったり叩いたりするなら、お母さんも同じことをしてみてはいかがですか？」「一緒に楽しんであげてください」と言われ、偏食についての問いには「好きな物をあげて、嫌いな物は無理にあげないようにしては？」「時が経てば何でも食べるようになりますよ」「野菜は野菜ジュースで飲めば？」等、指導されたそうです。しかし、壁削りを一緒にする気にはなれず、また、一緒にして改善されるとも考えられず、おおいに戸惑ったそうです。

そして、O君3歳1カ月に河添理論に出会います。河添先生の本を読んで、"しっかり実践すれば元気な子どもになる"との思いで、希望を持って保育園に通園しながら早寝・早起きなどの実践が始まりました。18項目を実践すれば、同年代の子どもに追いつくのだと、真剣にすればするほど力が入り、母の笑顔が消え、思うように行動しないO君に苛立ちさえ覚え、兄弟にも当たることもあったようです。そんななか、O君が5歳1カ月で「ゆうゆう」に出会いました。

[「ゆうゆう」でのO君に対しての接し方]
- 毎日笑顔を向けます。
- 目線が合うまで目に目を合わせてニッコリと笑いかけ、それでも目線が合わない時には、ほっぺの上側（目の両脇）を両手で包み込むようにして、笑顔を近づけ目線を合わせるようにします。目線が合ったら両手をはずしてニッコリ笑顔を向けて話をしたり、指示をします（目線が合った時には指示が通りやすいです）。

[自分で歩かない時は]
- しゃがんで砂いじりしそうになったらしゃがみ込まないうちに、姿勢を立て直して歩かせます。
- 歩くスピードをO君のからだで覚えてもらうために大人が手をつないで歩きます（止まらずに歩けるようになったら、一人で歩かせます）。

[自傷行為を止めさせるには]
- 自傷行為をし始めた時に、困ったと思わないようにします。
（困ったと思うとよけいにその行為をするようになります）
※自傷行為についての詳しくはp.164～165参照。

取り組みの結果から

　「ゆうゆう」ではAさんに、子どもに毎日笑顔を向けることの大切さをお伝えし、ひとつひとつの質問にもできるだけていねいに答えるよう気を

配り、O君にも毎日笑顔を向けて遊びました。O君は日に日によい笑顔になり、キラキラした瞳に変わっていくのが目に見えてわかりました。

　O君は、「ゆうゆう」の指導員に輝く笑顔を向けられほめられると、
　　　　　↓
　O君の表情が穏やかになる。
　O君の表情が穏やかになると、
　　　　　↓
　母親が嬉しい表情をする。
　母親が嬉しい表情をすると、
　　　　　↓
　O君も嬉しくて瞳が輝き目線が合うようになる。
　O君の目線が合うようになると、
　　　　　↓
　母親がもっと嬉しい笑顔になる。
　母親がもっと嬉しい笑顔になると、
　　　　　↓
　O君ももっと嬉しくて、指示が以前よりよく通る。
　指示が以前よりよく通るようになると、
　　　　　↓
　母親がもっともっと嬉しい輝いた笑顔になる。
　母親がもっともっと嬉しい輝いた笑顔になると、
　　　　　↓
　O君は意欲が出て、自発的な行動が出てくる。
　O君の自発的な行動がみられるようになると、母親も穏やかに接せられるようになる。

　これは、母親だけではなく父親も全く同じで、大人の接する態度がいかに子どもに影響するか、ということです。母親が穏やかになると家族皆が穏やかになり、親の関わり方をみて兄弟も同じような接し方をするように

なり、それがくり返されて家族皆の笑顔が増え、O君のできることが増えていったのです。壁削りや自傷行為は、なくなりました。もちろん、嫌いな食材でも口から吐き出すことはありません。偏食も改善されました。O君が変わりましたが、なんといっても母親であるAさんが変わりました。保護者の誰もが驚くほど、冗談も言う、笑顔が素敵な、ひょうきんなAさんになったのです。なったというよりも元のAさんに戻ったといったほうが正しいかも知れません。もともと笑顔の素敵なひょうきんな方だったそうですから。

　接し方、生活のしかたを変えて、子どもが変わり、その喜びで親が変わり、親の笑顔が更に子どもを変えたのです。

　母親であるAさんが、このように変わると、O君も更に伸びました。半年ほどで大人が指示しなくても自発的に動く場面が増えたのです。ジェスチャーで頂戴のポーズなどができるようになってからは、「てんてぇ・やって」とか、手を振りながら「さようなら」「バイバイ」等、言語表現・身振り表現（意思を仕草で表現する）ができるようになったのです。歩く時の歩調も大人と合わせて自分で歩けるようになり、山登りも自分で歩くようになりました。以前は無反応だったのに、「よーい、どん」のかけ声で駆け出せるようにもなりました。絵本や読み聞かせにも関心を寄せるようになり、自ら絵本を取り出して眺めている姿がみられるようになりました。手の過敏さも改善されてきて、粘土や手型押しも嫌がらなくなり、手袋もはめられるようになりました。手での砂いじりがシャベルやバケツを使って遊ぶようになり、家では兄が勉強していると、自分も鉛筆を持ってなぐり描きをするようにもなったそうです。おしっこも自分で行き、立って排尿できます。1年も経つと、雨具のカッパの帽子も被るようになったり、傘をさしながら片手に手提げ袋を提げて歩けるまでになりました。まだまださまざまな変容がありますが、継続したAさんの優しい笑顔がAさん家族にとっても、出会えた「チャイルドハウスゆうゆう」にとっても最高の宝物であることは、間違いありません。

事例7　姿勢がよくなり、認識力がついた旭君

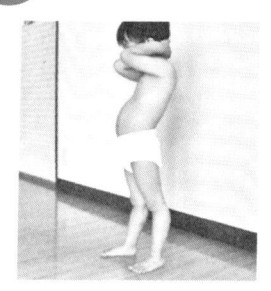

入園から1カ月後（4歳4カ月）

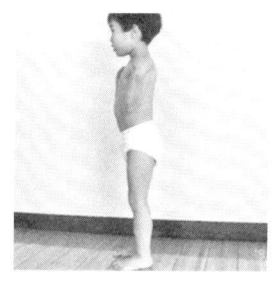

入園から9カ月後（5歳4カ月）

入園時はシャッターを押すまで静止していられず、1カ月後にこうした姿勢で静止できるようになりました。

静止していること以外に、手遊びを模倣できるようになり、「肩」と言ったら肩に手をもっていけるようになりました。

［旭君母親の手記］

　我が家の自閉症の長男、旭は現在、高校1年生です。旭が「ゆうゆう」にお世話になったのは、就学前の2年間でした。1歳半健診で発達の遅れを指摘され、しばらくは「個人差じゃないの？」と思っていましたが、2歳を過ぎても言葉は増えず、その後通った母子通園施設で、今井先生のお話を聴いたことが、「ゆうゆう」と、そして河添理論との出会いでした。

「早寝・早起きをしましょう」

「好き嫌いせず、何でも食べましょう」

「はいはいを取り入れた運動を、たくさんしましょう」等々。

　もともと、自分自身が「遅寝・遅起き」、「偏食」、「運動嫌い」でしたので、今井先生のお話を聴いてまず思ったことは、「無理！」の一言でした。それでも、河添先生の提唱する生活リズムの大切さ、その科学的な根拠を熱く語る今井先生の人柄に触れ、「この先生なら、この方法なら、旭をなんとかしてくれるのかもしれない」という希望の光のようなものが見えたのでした。それでもぐずぐずと迷う私に実母が「"やる"と一言言えば手伝うのだから、"やる"と言え」と言ってくれたこと、また、通っていた母子通園施設の園長先生からの「『ゆうゆう』に行ったら、旭君だけでな

く、お母さんが変わると思う」という言葉が、私の背中を押してくれました。

　「ゆうゆう」に入園後、最初の試練は「朝の散歩」でした。当たり前のことなのですが、子どもを6時に起こすには、大人はもっと早く起きる必要があります。この早起きが本当につらくて、はじめの数日間は瞼が開かない、からだが動かない、気持ちが悪い…で、「かえって、からだに悪いのでは…」などと思ったりもしました。おまけに、やっとの思いで旭を外に連れ出すと、何のことやらわからない旭は「ぎやぎやぎー！」と謎の叫び声をあげ、道路に寝そべり暴れて大騒ぎ。「こっちが泣きたいよ…」と夫と2人、途方に暮れたことを覚えています。

　今井先生から、まず2週間、頑張ってみるよう言われて（というのも、慣れない生活で一度は体調を崩すであろう、生活リズムが整うのはそのあとなので、その前にやめないように、とのことで）、「とにかく2週間続けよう！」と嫌がる旭を引きずって歩きました。案の定その間に私が風邪を引き、からだはだるいし、かなりモチベーションは下がりましたが、今井先生から言われた「とにかく2週間」を念仏のように唱えつつ、続けること数日。その2週間目が過ぎる頃にはあきらめがついたのか？　起きれば散歩に行くもの、と決めたように、すんなり散歩に向かえる旭になっていました。

　思えば、起床時間に限らず、食事も、私の養育態度にも、これといった方針がなく、いきあたりばったりだったので、ただでさえ世の中のルールがわかっていなかった旭にとっては、混乱の連続だったのだろうと思います。それが、起床時間、就寝時間を一定にし、散歩も「するといったらする」という一貫した態度で行うことにより、混沌とした旭の世界に、わずかながら、秩序を与えることができたのではないかと思っています。重心が安定せずぐにゃぐにゃだった旭の姿勢は、通園してから1年後頃にはかなり改善され、また、簡単な指示も通るようになり、笑顔の可愛い子どもになっていました。

　実際に「ゆうゆう」に通ってわかったこと、それは、「『ゆうゆう』に子どもをなんとかしてもらう」のではなくて、「自分で子どもをなんとかす

る」のだということでした。「ゆうゆう」で先生方が河添先生の教えに忠実に保育してくださっても、残りの時間を子どもと過ごすのは家族です。どれだけ河添先生の本を読み、話を聴いても、それを「よい」と思い、「実践する」のは親である自分だということです。ただ、実践するうえで、自分を支え、助けてくれたのは先生方の励まし・お叱り、仲間とのつながり、家族の絆であったとしみじみ思います。私一人では、到底やり切ることはできなかったでしょう。

　卒園後も、いろいろなことがありました。小学校3年生の頃には筋力の低下のためか、心理的なものなのか、要因は定かではありませんが、突然おもらしをするようになって、睡眠確保のために夜間は紙おむつを使わざるを得ないようになってしまいました。「いまさらおむつか…」とかなりがっかりしましたが、「どんなときにも笑顔！」という今井先生の言葉を思い出し、「怒らず、落ち込まず、あきらめず」を心がけ、幼児期のようなトイレトレーニングの日々を過ごしました。幸い、半年ほどで元の状態に戻り、トイレトレーニングの日々とは、おさらばできました。また、中学2年生の時には食べ物を嚙むことができなくなって、身長が150cmで体重が26kgまで激減してしまいました。こちらは調理方法を工夫したり、山登り等で運動量を増やし、お腹を減らせて食事をさせる作戦で、現在は35kgまで増やすことができています（と言ってもまだまだ痩せすぎなんですが…）。そのたび心配はしましたが、なんとかなってきました。大事に至らなかったのは、卒園してからも河添先生の提唱された早寝・早起きを家庭で実践し続けたことと、心配な時、不安な時こそ子どもには笑顔を向けることが大切、という「ゆうゆう」の教えがあったからこそのことであると思っています。

　現在旭は、不器用ながら彼独特の方法でコミュニケーションを取り、人とのつながりを喜び、毎日笑顔で過ごしています。そして、それで十分だとも思っています。幼児期

に、家族が力を合わせて取り組んだ生活リズムと、子どもの笑顔を引き出す、「ゆうゆう」の充実した活動とが、今の旭の笑顔につながったのだと確信しています。

事例8　10歳からの出会い

[元指導員　西富美代子]

　「か弱い産声だね」娘を抱いた助産婦さん達が話していた記憶があります。ぐにゃっとした身体は新生児の柔らかさと違っていたように思います。発達の不安を相談した医師から「1歳になるのに歩けないから」と、肢体不自由児療護施設の訓練を受けるよう勧められ、押し車を使い歩行を獲得したためか、よく転び膝に擦過傷が絶えませんでした。幼児期まで筋弛緩は残り、手先の不器用さ・言語の遅れ、泣きもせず笑いもしない表情に乏しい娘。同年齢の子どもの発達とは差が生じていきます。

　公共相談機関や病院に幾度となく足を運んでも所見はいつも「様子をみましょう」「母親の関わりの悪さ」「発達の個人差」と決まっていました。子どもをいかに伸ばすのかの問いには答えてもらえず、何をどうしたら良いのか具体的にわからず、悶々としながら時が流れました。それらの経験から私が学び得たものは、『子どもの発達を保障していくのは親しかいない』ということでした。それ以降、私なりに発達を促す手段を模索して働きかけましたが、月日を重ね10歳を迎えて私と同じサイズの靴を履き、目線も同位置になる程に成長した娘を前に、そろそろ限界かと感じ半ば望みを捨てかけ、目の前の子どもの障がいに関わるより、将来に備えて就労できる場所の確保（作業所の設置）に心を注いで"今"を大事にしてこそ将来があることを完全に見失っていた時期でもありました。

　その失意の中で「ゆうゆう」の指導員として河添理論に出会い、邦俊先生の講義に引き込まれました。先生のお話は、生体のリズムの裏付けのもと確実な説得力をともなって私を大きく揺り動かしました。まだ取り組めることがある喜びに小躍りする思いで、帰宅したらすぐ実行しようと考える反面、18項目を知り、障がいの軽減・克服が可能であること、更に、その効果を知れば知るほど、早期療育の重要性に思いが至り、できること

なら幼児期にさかのぼり取り組みを始めたなら、娘も今とは別な10年を歩んだだろうと、出会いの遅さと取り返しのつかない膨大な時間を浪費したことが悔やまれました。

実際、娘は長年の生活が突然一変して理不尽と受け止めたようでしたし、手押し車の脚の介助は重くて容易でなく、はい回る部屋のスペースも手狭に感じました。それでも、笑顔で向かい合い、毎朝2km・30分の散歩を続け、近隣の公園にアスレチック遊具を見つけると時間の許す限り遊びました。休日には平日の不足を補うために自転車で遠出をしたり山歩きをしたりして、身体づくりを心掛けました。幸いなことに、"ゆうゆう園児"の親子合宿などの行事には娘も毎回参加させてもらい、実践継続を助けられました。

生活を整え1年が経過した頃、娘にカメラを向け成長に気付きました。カメラに目線が合うのです。正常な発達であれば当たり前な行為ですが、一点を見続けられなかったのです。からだを大きく使った遊びや山歩きで随意筋が育ち、日中活動を充実させて質の良い夜の眠りが不随筋を育てる。その成果が注視力になったと思います。

娘が中1から始めた水泳は、水に親しむだけと考えていたのに、河添理論の実践と並行するかのように上達して水の中にも自由を広げました。よい水泳指導者に恵まれ、全国障害者スポーツ大会県代表になり第1回大会では金メダルを獲得。県知事主催の顕彰式に招かれ、国際的に活躍するアスリートの方々と並び、出席者を代表して知事より賞状を拝受。それを伝える翌朝の新聞紙面は、今も大切に保管してあります。

こんな未来が待っているなんて、10歳の頃に可能性のひとかけらも見出せずにいたのにと驚くばかりでした。河添先生と「ゆうゆう」との出会いがなければ果たせなかったことです。現在、娘は多くの人的社会的資源に支えられ、一般就労12年目になります。

遺 志

西富美代子

故・河添邦俊先生

　四方の山々が雪を抱いた長野県佐久市。奥様（幸江先生）と看護師を伴って臨まれた、河添邦俊先生の最後の講演会も聴講させて頂きました。誕生日の花束を、笑顔で受け取った先生の身体症状は思わしくなく、脚の浮腫や吐き気に耐え、気力を振り絞り持ち堪えられたと後で知りました。どの講演会にもいつもご夫妻で臨まれ、邦俊先生の講話進行に合わせて、絶妙なタイミングで自筆のパネルを張り替える幸江先生。夫を師と仰ぎ誇りに思い尊敬する姿勢が凛とした所作になり、最後と覚悟された講演を支えていらっしゃいました。

　講演会の、規模や施設の大小は問わず、要請があれば全国至る所に足を運び、一生涯を実践者として貫かれた強い信念は、たくさんの障がい者と家族、支援者に希望を与えてくれました。拙く手探りながら18項目を実践して、手応えと喜びを感じるたび、もっともっと直に教えを請うことができたら良かったのにと、早逝された先生を惜しむばかりです。今ではすっかり常用語化した「生体の生活リズム」、各ホルモン分泌を有効に促す質の良い「眠り」、NK細胞を増やす「笑いの効用」。昨今、それらに関する文言を多く見聞きします。既に30余年前からそれらを実践されていた河添先生の非凡さに敬意を持ちます。

　しかし言い換えると、ますます子どもたちの心身が蝕まれている逼迫感が読み取れます。「どの子も健やかに育つ権利を有している」。先生の遺志を大切に、実践の拡がりを願って止みません。

コラム⑤　河添先生から学んだ眠りの大切さ

――眠りの中で子どもは育つ――

眠りは脳のためにあります。

① 眠りはこころを作る
- 大脳を作る
- 大脳を守る
- 大脳を育てる
- 大脳のこわれたところを修復する
- 大脳がよく働くようにする

② 脳全体を守り育てる
- 部屋は暗く、静かにしましょう
- 添い寝はやめましょう
- 寝まきは素肌に着ましょう
- 夜更かしは自律神経の働きを弱めます

眠りには…

暗闇と　**静けさ**　が大切です。

第4章

保護者の声

1 笑顔で向かい合う

> ## 「ゆうゆう」で学んだこと
> (保護者アンケートより)
> - 親が子どもに笑顔を向けることの重要性。
> - 子どもには「親の笑顔が一番」ということ。
> - 人間は人が育てるから人間になる。
>   (DVDやビデオに頼ってはいけない)
> - 楽しく遊ばせながら筋力を育てることが大切。
> - やらせる遊びではなく、親が共に楽しむことが大切。

事例1　笑う門には福来たる

[O君母親の手記]

　"笑顔って本当に人を変えるんだ" と実感したのは、「ゆうゆう」へ通い始めてからです。今井先生は「親が変われば子どもも変わるんだよ」、「親の笑顔が子どもを育てるんだよ」と常に "笑顔" を大切にされていて、他の指導員の先生たちや保護者の皆さんも笑顔が溢れています。入所当時は「なぜどの保護者もこんなに明るく笑っていられるのだろう？」と思っていました。みな「障がい」を持つ子どものママ達です。

　その当時の私は我が子の将来の不安や悩みがいっぱいで、笑う余裕などありませんでした。子ども自身も目線を合わそうとせず、自分の世界に入り、笑うことも少なく他者に対して自分から関わろうとしませんでした。すべてにおいて指示がないと動けず、自分から行動が起こせません。そんな状況で「ゆうゆう」に通い始めたのですが、一番初めに "あれ？　変わった！" と感じたのは "笑顔" が増えたことでした。親にとって子どもの笑顔を見られるほど嬉しいことはありません。当然親も笑顔になります。それも作り笑顔ではなくて心からの喜びの笑顔です。

　「ゆうゆう」では、朝9時から30分間遊びとしてはう運動を中心にした

楽しい時間を大切にしています。遊びといっても筋力トレーニングを目的にしていますから、大人がヘトヘトになるくらいハードな運動です。ですから、入園当初の子どもたちは筋力が弱く、泣く子もいますが、2〜3日して筋力が付いてくると、子どもたちは楽しいからへっちゃらで遊べるようになります。みんな笑っています。遊び方も今井先生のアイデアで日々変わり、子どもたちを飽きさせません。毎日楽しく笑顔で大変な運動量を全力で確保しています。他の時間でも常に先生方は笑顔で接しています。だから子どもたちは当然のように表情がよくなり、筋力が付き、できることも増えて生活も変わっていきます。夜しっかり眠れるようになるからです。

　子ども自身が心からの笑顔で、「楽しい」と感じながら、達成できたり、獲得したものはたくさんありました。変わっていく我が子の姿を見て、「『ゆうゆう』に任せれば、今井先生に預ければ大丈夫だ」と安心し、今井先生との毎月の1時間半の面談時間に時間いっぱい本心を話すことで不安や疑問などマイナスな気持ちも解消されて、母も心からの笑顔が出るようになりました。面談の中で、・新しいことや苦手なことは子どもの目の前でやってみせてから子どもにもさせてみせる。・子どもが楽しくてよい笑顔の時は目線がピッタリ合いそれらが獲得できること。・目線を合わせてから伝えると指示の通りもよい、なども学びました。

　今井先生からも他の先生からもお母さん達からも「お母さんがとても変わりましたね。入園する前は暗い顔をしていたのに、今は明るくなってステキな笑顔になりましたね。母が変われば子どもも変わるんですよ。O君も伸びましたね〜！」との言葉をいただいて、本当にその通りだと実感しました。

　"笑う門には福来たる"これは本当のことでした。

事例2　DVDやテレビに頼った育児のMちゃんの場合

[Mちゃん父親の手記]

　入園する前は、未来のことなど考えられなく辛かったです。娘のMをどうやって育てていったらいいのか全くわからず、ただ機嫌よく過ごせることだけ願っていました。そのくらいよく泣いていたのです。機嫌がよくな

るのは、シンデレラのDVDかNHKの「おかあさんといっしょ」のビデオを観ている時くらいだったので、とにかく毎日DVDを見せて過ごしていて、後は車で出かけるぐらいでした。Mは車で出かけても大泣きすることが多く、手を口に入れて、指四本の付け根を思いっきり噛んで大泣きするのです。ですから、手には噛みダコができていて、指の間はいつもよだれで濡れているためにただれてしまっていました。

　入園したての頃は、活動の途中で寝てしまうのでは？　それとも、DVD見たさに大泣きしてしまうのではないか？　と、不安で心配ばかりしていました。なにしろ他の児童デイを利用しながらの入園前までの生活はというと…、起きている時は「シンデレラ」や「おかあさんといっしょ」のコンサートのDVDや教育テレビのアニメなどを見せて過ごし、眠くなったら寝るといったものでした。それが夜中（深夜2時頃）であろうと、泣いて起きれば泣き止ませるために、それらを見せてその場をしのいでいたのです。また、どうしても泣き止まない時は、夜中にでも車に乗せて、あてのないドライブまでしていました。そして、眠りに就いた時、帰って来るというわけです。とにかく、泣き止んでくれればいい。今になって思えば、弱く産まれたMをどう育てていったらいいのかという手段を知らなかったとはいえ、あまりにも無責任な親だったと、心から反省しています。

　入園前、今井先生から「『ゆうゆう』では、DVDは見ませんし、テレビもないから見られません」「泣き止ませるためのドライブもしませんし、家でもしないで下さい」と言われ、「私に任せて」の自信に満ちた言葉に、心配もどこへやら不安感も消し飛んでいました。

　通園初日、家に帰ってからもDVDを見ることもなく過ごせ、いきなり効果が表れたといってもいいくらいでした。その後は、妻と二人で役割りを分担し、お互い協力し合って努力する毎日がスタートしたのです。Mは、毎日よい笑顔で過ごせるようになり、夜の寝つきも早くなっていきました。寝つかせるためのドライブが不要になったことは言うまでもありません。

　月が替わり、Mにとって「ゆうゆう」での活動が楽しくってたまらなくなってきた頃、その効果に感動し今までの遅れを取り戻そうと、本人の疲れや体調不良に気配りできず無理をさせてしまっていました。そのたびに

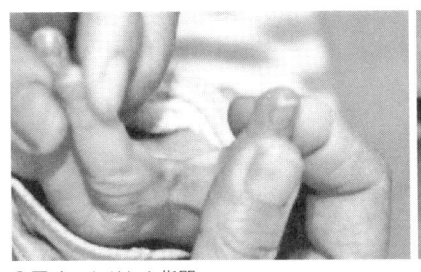

入園時のただれた指間 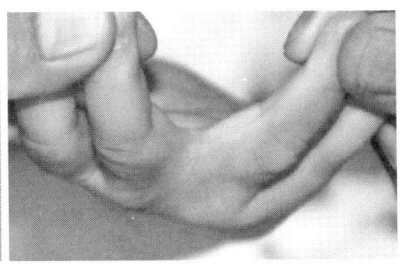　　　　　半年後の指間

　何度も「休ませてあげるように」との忠告文を連絡ノートに書かれたこともありました。体調をベストにして通い続けることこそが発達への近道であると教えられ、休む勇気も必要と認識した訳です。
　それからというもの、親の私たちもMの体調を見る目を養い、気配りをするように努めました。それを実践するようになってからは、意味不明の大泣きがなくなり、機嫌のよさが目立つようになりました。入園時の微笑む程度の笑いから、全身を使って大声を出して笑うという笑い声です。あんなひっきりなしに口に入れ、噛んでいた手も噛むことが激減し、噛みダコも薄くなってきましたし、指間のただれはなくなりました。
　現在も早寝、早起き、外気浴、楽しく体操、食生活を大事に実践を続けています。早寝をさせるためには早起きさせることが大事と学び、朝5時過ぎに起きていてしまうMなのですが、二度寝はさせないようにし、夜は入浴して20分以内に布団に入るようにしています。お風呂で上がった体温がさがる頃が寝つきやすいと学び、実践しています。日中は、できるだけ親が笑顔を向け、楽しく全身運動ができるよう働きかけています。
　入園する前は、夜中でも目覚めると1時間以上起きていましたが「ゆうゆう」に通うようになってからは夜中起きなくなり熟睡できるようになりました。排泄も便座でできるようになり、薬が必要だった便秘も改善され、ほとんど毎日の排便が定期的になってきました。
　待てずに大騒ぎしていた食事時も、入園してからは騒がずに我慢して待つ力もついてきました。テレビやDVDに頼っていた時には見られなかった、とにかくよい笑顔のMがここにいます。

❷ 障がいの有無にかかわらず発達のみちすじは同じ

「ゆうゆう」で学んだこと

(保護者アンケートより)

- 発達には方向性がある。
  ①上から下に(首→背中→腰→足)
  ②中心から末端に(肩→肘→手首→小指側から人差し指→親指に)
  ③屈曲優位から伸展優位に
- はう運動、はう遊びはとても大切。
- 指先を器用にするためには、からだの中心部から育てる必要があり、そのために簡単にできる全身運動がはう遊び。
- 筋力が育つと認識力も育つ。

事例１　手先が器用になったＲ君の場合

［Ｒ君母親の手記］

　１歳半検診で言葉が出ていなかったり、模倣もしないので引っかかりました。「なるべく１対１で遊び、たくさん言葉をかけてあげてください」と、専門機関で指導を受けました。私も子育てをそれなりにしているつもりでしたが、他の親はもっと遊んであげているのかな？　と思いました。でもからだは健康だし、おもちゃでもよく楽しそうに遊んでるし、２歳までには言葉が出るだろう……とこの時はそれほど気にもしませんでした。

　けれどその後、扇風機やタイヤなど回転するものに異常に興味を持ったり、ケラケラ笑いながら部屋の中を走り回ったり、物をいろいろな角度から眺めたりと、他の子と少し違う行動が気になるようになってきました。また、小さい頃から夜８時に寝かせようとしていたのですが、布団に寝かせ電気を消しても、暗闇の中でいつまでも独り言を言ったり、ケラケラ笑いが止まらなかったりと眠るまでにいつも２、３時間かかっていました。やっと寝たかと思うと、夜中に「ギャー！」と突然夜泣きが始まり、何をして

も2、3時間泣き続けることもよくありました。こんな日が続いているときに、たまたま自閉症という言葉を聞きました。すぐにパソコンで調べました。調べてみると特徴がどれも息子のRにぴったりでとても不安になりました。幸いに「ゆうゆう」に出会え、2歳7カ月で入園してからしっかりとからだを動かすことで、すぐに寝つきもよくなり夜泣きもほとんどなくなりました。これには本当に驚きました。今までの生活はなんだったのかと……。

眠りはすぐに確保できましたが、言葉のほうはすぐには結果がでませんでした。専門機関ではたくさん絵本を読んであげて・言葉をかけてあげて・同年代の子どもと関わりを持たせてあげて……などと言われました。なんとなくそのほうが言葉につながるような気もしますし、もちろんこれが大事なことというのもわかります。でも「ゆうゆう」では絵本の読みきかせなども大事にしていますが、河添理論を取り入れていますから、発達のみちすじ［からだの中心部から末端（肩→肘→手首→小指側から→人差し指と親指）に育つ］を大切にしていて、全身を十分に使った遊び（はいはい遊びやゆさぶり遊び、山登りなど）、と生活リズム（早寝・早起き、バランスのとれた食事など）に重点をおいています。園での毎朝の活動と共に、家でも毎晩夕食後にはう遊びを取り入れるようにしました。更に入園1年後（3歳7カ月）

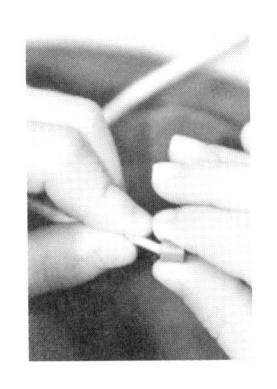

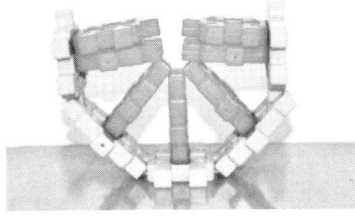

ブロックで作ったスイカ

在園時　6歳の粘土作品

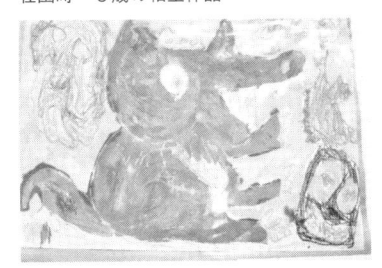

小学1年生時の絵

には、園からの薦めで毎週週末には息子と山登りに出かけるようにしました。その当時は、からだを動かすことや疲れることが嫌いな息子でしたから、出かけるごとに毎週ぐずりました。が、あきらめずに続けていくことでいつの間にかスムーズに歩いてくれるようになり、一緒に歩いていても体力がついたと感じられるようになりました。

　その頃から小さい物をつまむ時に親指と人差し指でつまめるようになってきました。それまで親指と中指でつまんでいましたが、親指と人差し指でつまむことができるようになったら急に言葉が出てきて単語から二語文・三語文・要求語と数カ月で増えてきて、認識力もつきました。手先が器用になると言葉だけではなく、ブロックや粘土などでいろいろな物を作り表現することを楽しめるようになりました。

　一番驚いたのは「ゆうゆう」で作ったブロックのスイカです。ブロックはいろいろな色の正方形の形をしています。多分私であればこのブロックで家や車など四角い物を作るでしょう。でも息子は四角で曲線を作り、スイカを作ったのです。

　小学2年生になった今でもこの製作意欲は止まらず、毎日いろいろな物を作っています。最近では立体的な物を作り、魚を切ると中に骨まであったり、動物も歯や舌まで表現するようになりました。思い立ったら夢中になり完成するまでの集中力といったら周囲が全く気にならないほどです。現在「ゆうゆう」は卒園しましたが、今でも生活の中になるべく全身を動かす活動を入れるように心がけています。健康のためだけではなく、からだ作りがすべての発達につながると実践して学んだからです。運動量が少ないとすぐに眠りが乱れてしまったり、落ち着きがなくなったりとサインがでます。そのサインを見逃さないように卒園後も実践しています。

事例2　多動・尖足やクルクル回りがなくなったNちゃん

[Nちゃん母親の手記]
　なかなか言葉が出ない子どものことが心配で、専門機関に相談に行くと「たくさん声かけをして下さい」と指導され、私なりにたくさん声かけを

してきました。散歩の途中でも花や草や虫や通りかかった犬などのこともほとんどすべて言葉にして話してあげたつもりです。ですが一向にNの言葉が増えず、どうしてよいものかと悩んでいた時に「ゆうゆう」に出会うことができました。

「ゆうゆう」で伝えられたことは、「子どもの育ちで一番大切にしなければならないことは生活リズムで、夜よく眠れるように日中に笑顔を向けてからだをいっぱい動かす遊びをしてください」「言葉についても、発達のみちすじがあるので、言葉だけにとらわれず、しっかりしたからだ作りをして、よく噛みこめるような食材で食事を作って食べさせてください」ということでした。また、子どもの先回りをして何でもたくさん言葉かけをするなど多くの声かけはせずに、例えば散歩の途中でも子どもが何かに気付いた時にそれを言葉に置き換えてあげればよいと具体的に教わりました。散歩途中などであっても親が感動した時や物珍しい時にだけ声かけをするようにとのことでした。

実行してみたところ、今までよかれと思いしてきた多くの声かけは、私自身が声かけをすることに夢中になり、子どもの様子を全く見ていなかったということに気付きました。「ゆうゆう」で、どんな時にどのように声かけすべきか明確に教えていただき自分の間違った声かけに気付けて本当によかったです。

また、入園する前は多動で困っていたのですが、河添理論を学び、発達にはみちすじがあることを知り、生活リズムを整えながら園や家でたくさん運動するようになってからは多動がすっかり治まりました。

入園前は、子どもがどこでも走り回っていたので"運動ができる子"だとばかり思っていたのですが、「ゆうゆう」に見学に行った時に、実はそれは多動という症状で、尖足（つま先歩き）になってしまい、かかとが着かず前傾姿勢になってしまうため、きちんと普通に歩くことができないのだと指摘されました。その時は半信半疑だったのですが、通園し始めて家で朝の散歩をするようになり、園での毎日の全身を十分に使った遊び（旋回・へそつきばい・ひざつきばい・高ばい、手押し車、ゆさぶり遊びなどを取り入れた遊び）が楽しく遊べるようになってきたら、3カ月くら

いで尖足で走り回ることがほどんとなくなり、普通に歩いて移動できるようになりました。

入園前は、手つなぎもできなくて走り回って危ないからと、外ではずっと抱っこで移動していたのですが、「ゆうゆう」で私の人差し指を子どもに握らせてから子どもの手首を持つという手のつなぎ方を教わり実行してみると、あんなに大嫌いだった手つなぎも嘘のように嫌がらずにできるようになり、一緒に散歩できるようになりました。

通園し、からだをたくさん動かすと、驚くことにずっとできなかった両足ジャンプが、翌日できるようになり、目から鱗でした。尖足だけではなく、回転（その場をクルクル回る）も通園してから3カ月くらいでしなくなりました。

朝6：00頃に早起きをして朝の光を浴び、生活リズムを整えること、日中に楽しく遊ぶことでこんなにも子どもの行動がよくなっていくことに本当に驚きで一杯です。

3 生活リズムを規則正しく

「ゆうゆう」で学んだこと

（保護者アンケートより）

- 生活リズムを整えるためには、早起き・早寝をする。
  （早く寝かせるためには早く起こし、十分な日中の活動が大切）
- 朝の散歩をすると日中活き活きして丈夫になる。
- 日中に充実して遊べると、夜よく眠れるようになる。

事例1　抱っこでないと眠れなかったM君の場合

[M君母親の手記]

息子Mは生後6カ月の時に化膿性髄膜炎になり入院しました。ところが、入院していたにもかかわらず5日目に心肺停止になってしまい、医師から

人工呼吸器をつける説明まで受けました。心臓が止まったままだったら…と想像するだけでも絶望感で押しつぶされそうになりながら、"植物状態になってもいいから、お願い生きていて！！"という願いで看病をしていました。幸いに願いが叶い、医師や看護師さんらの治療のおかげで命をとりとめることができました。

入院1カ月（生後7カ月）後、脳室が太くなっているため溜った水を抜く手術を受け、入院2カ月後（生後8カ月）にはシャント（脳に水が溜らないように、脳から腸まで管を通して溜る水を腸に送る）の手術を受けました。生死の境をくぐりながらも命をつなぎましたが、いくつもの重い後遺症が残りました。病気になる前は、いつも笑顔で元気だった子どもが退院した時は、まるで別人になっていました。

全身の緊張が強く、関節を曲げるのにも大人の力でやっと曲がるくらい硬い身体になってしまっていて、あおむけに寝かせると後頭部と踵しか床につかず両手はいつも硬く握りっぱなしでした。このような状態だったため、本人もかなりのストレスだったのでしょう、入院中なのに、生後8カ月で胃潰瘍になってしまいました。

2カ月半の入院生活を終え無事退院できましたが、家で生活できるようになってもからだの緊張が強く、全身が硬直してしまい、その苦痛で甲高い声で1日中泣いてるMでした。抱っこをすると泣き止むのですが、抱き方の角度や向きによっても泣くので、抱っこする大人側は姿勢が崩せませんでした。眠ったからといって布団に下ろすと、すぐまた甲高い声で泣き出します。少しの物音、振動でも嫌がって泣いていました。

このような状態でしたので、24時間誰かしらが抱っこをして泣かせないようにしていました。夜は、母である私が抱っこしたまま寝るか、抱っこしたまま座椅子で朝まで過ごすのですが、座椅子で朝まで過ごした日も数えきれませんでした。しかし、どんなに大変でも、入院して5日目にMが心肺停止になったあの時の絶望感と緊張感の時と比べれば、泣いて苦痛を訴えられるということが親にとっては発達への第一歩と感じ、絶対乗り越えてみせる！　と頑張っていました。

でも、こんなふうに頑張っても頑張っても、Mの視線は一向に合わない、

口に哺乳瓶を入れてやっても２〜３分舌に刺激していないとミルクに気付かず吸いつけない、笑わない、全身はガチガチの緊張で硬くなったまま。私もM自身も熟睡できない日々が３カ月間も続き、介護する側の私は限界にきていました。このままでは私とMはどうにかなってしまう、なんとかしたい、と強く考え、保健センターに相談したところ、担当の方の早急な対応で「ゆうゆう」に出会うことができました。

　入園後は、伝えられた生活リズムを初日から頭に入れながら、実践に移しました。「ゆうゆう」で教えてもらった『今、Mにしてあげられること・必要としていること』を重点に考え、起床時と、「ゆうゆう」登園時と、帰宅後遊びの部としてからだのもみほぐしをリラックスさせられるように心がけ必ずやってあげました。「ゆうゆう」でしてもらうだけでなく、私も時間がある限りMの握りっぱなしの手足の指を一本一本マッサージしたりしました。

　「ゆうゆう」から寝かせる時は布団に寝かせるよう助言があり、午睡や就寝時間には恐る恐る布団に寝かせてみました。やはり最初は、ずっと泣いていました。子どもが泣いた時は、泣いたからといってすぐに抱きあげないで、泣く原因を見極める力をつけるよう言われていましたので、甘え泣きなのか、体調不良なのか、空腹なのか、泣き方にも気を配るようになりました。

　そして入園して３日目。迎えに行ったらMが布団で午睡していました。本当にビックリでした。あんなに泣いてストレスを訴えていたのに、たったの３日目で自分で、布団で午睡ができるようになったのです。その後は家でも布団で一人で午睡でき、夜も一人で眠れるようになっていきました。午睡が一人でできるようになってからは、夜も目覚めることなく一人で朝までぐっすり眠れるからだになりました。普通の生活ができることを家族で喜び合いました。

　現在は、小学部４年のMですが、今でもこの生活リズムは崩れることなく続き、睡眠のリズムがしっかりとできています。夜泣きすることなく朝まで熟睡でき、夜泣きがある時は、腹痛やおう吐があるなどの体調不良の時なので、泣いて教えてくれるので助かります。

でも、本当に生活リズムの大切さ、すごさを実感したのは卒園して特別支援学校に入学してからのことでした。「ゆうゆう」に5年間通園したその頃の私達家族にとって、"夜は眠る"ということは当たり前の生活になっていました。ところが、学校で一緒になった他の家庭では、Mのように睡眠のリズムが整っていて、一人で眠れる子どもはほとんどいませんでした。

特別支援学校に入学してからの眠りについて　M君と同じ学校の他児たちとの比較	
M君の眠り	同じ学校の小学生に多い眠り
・朝6：00起床 　（ほとんど自律起床） ・就寝時間20：00 　（一人で寝つける） 　（夜中にめざめない）	・夜、ドライブしないと寝られない ・母親と添い寝でないと寝ない ・眠るまでリビングにいて、寝入ったら布団へ移動する ・就寝時間22：00～24：00 ・夜と昼が逆になっている

　学校では他にもこだわりのあるお子さんがたくさんいました。もし、我が子も生活リズムが身についていなかったら、小学部4年生になった現在も抱っこしながら寝ていたかもしれません。気の遠くなる想いです。
　先日、親が付かずにお泊まりする体験がありました。小学部4年生のMは最年少でしたが、スタッフの方に「夜は暗い部屋に親とは別の布団で、一人で寝ています。『おやすみ』が寝る合図なので、添い寝なしで大丈夫です」と伝えると、驚かれ、ほめてもらいました。乳幼児期に生活リズムを整えることの大切さ、すごさ、ありがたさを身にしみて感じたひとこまでした。
　生活リズムを整え、全身を十分に動かしたおかげで他にもたくさんの成長が見られました。泣き声しか出さなかったMが大きな口を開けて、いつも笑うようになったのです。声をかけたり顔を向けると、必ず笑顔で応えてくれ、母親以外の誰にでも笑顔を返してくれます。これは、からだの緊張がとれたことと、「ゆうゆう」の先生方や保護者の皆さん、そして家族みんなでいつもいつも笑顔を向けた証です。今まで出会った誰からも「M君の笑顔に癒される」と、言ってもらえるほどよい笑顔なのです。

事例2　長女と長男の睡眠を比べて思うこと

[あんずちゃん母親の手記]

　河添理論に出会って3年になります。出会うきっかけを作ってくれたのは、長女の誕生でした。産まれてから頭の大きさが成長しなく、大きくなったとしても数センチのみ。それに育児書通りに進まない成長発達。明らかに遅いのです。それでも「周りと比較しては駄目」と自分に言い聞かせながら成長を見守ってきました。10カ月健診で「大きい病院での検査が必要です」と言われ、精密検査をすると小頭症という症状で、「このままゆっくりのペースでの成長で、運動面や知的面でも遅れがあります」と言われました。結局原因は、はっきりしませんでした。

　私は看護師をしていて、出産後1年の育児休暇を取得、その後に復帰予定でいましたが、病院の託児所の保育士さんと話をした時、「このまま預けるのはいいけれど、今何かできることもあるはずだよ、お母さんとこの子が一番よい方法を選択してね」と言われ、児童デイサービスというところがあることを教えてもらいました。ここで「チャイルドハウスゆうゆう」の存在を知りました。他2カ所の児童デイサービス施設にも見学に行きましたが、「ゆうゆう」で遊びを見学した後に先生との1時間半に及ぶ面談のなかで、「今この子に大切なことは、早起き・早寝をさせてあげられるように心がけ、規則正しい生活リズムをつくってあげることです。そのためには、日中にできるだけ多くの時間をうつぶせ姿勢で楽しく遊べるよう工夫してあげましょう」という具体的なアドバイスをしていただき、ここなら変わるかも知れないと思い入園を決めました。でも、「ゆうゆう」に通園させるためには私が看護師の仕事を続けていくのは難しく、迷ったのですが"今この大事な時期にこの子に向きあっていこう"と決め、仕事は辞めることにしました。

　入園して河添理論の規則正しい生活・眠りや食事の大切さなどを学び、具体的な遊び方を教えてもらい親子で楽しく関わったり、遊び合うことで、子どもの成長が日々見えてくるようになりました。実践して成長が見えてくるようになると、私はさらにヤル気になり、私自身に少しずつ「ゆうゆ

う」生活が定着してきました。河添理論の通り、朝は早く起き・夜は寝る（子どもは夜8時頃）という当たり前の生活を送ると、3カ月くらい経つとあんずは風邪ひとつ引かなくなり、健康体に変わってきました。実は、親の私自身も職業柄、夜勤があり、不規則な生活を送ってきたため、よく不調を来したものですが、子どもと一緒に朝6時頃に起き、夜10時頃に寝るようにすると、健康になり、早起き・早寝は親の私自身にも、とってもよいことだと実感しました。

　そんななか、第2子を妊娠しました。やはり長女のことが頭から離れず、いつも考えることは不安や心配事ばかり。前向きになったと思っても、頭の片隅には不安がありました。そこで私は今まで以上に食事、睡眠には十分に気をつけて、規則正しい生活を送りました。お腹の子はスクスクと成長し、予定通りに臨月で出産。長女と比較すると体重が約1キロも多い、太った元気な子どもでした。大きく産まれてきたからか、おっぱいはよく飲むし、とにかくよく眠る子でした。新生児の頃から夜は4〜5時間ずつ眠り、生後1カ月頃には朝方まで眠っていました。お陰で母体の疲れはあまり溜まることなく、産後を過ごせたように思います。

　長女は逆で夜全く眠れませんでした。いつも寝るまでに2時間ほど号泣するので、ついイライラしてしまい、夫婦でケンカになったこともたびたびありました。車に乗せて夜中ドライブをしたり、やっと寝たと思っても、すぐに泣いて起き、そのまま2時間くらいずっと起きっぱなしという生活が毎日でした。今振り返って思うのですが、長女を妊娠中、夜勤などの勤務により不規則な生活を送っていたため、お腹にいる時から長女の生活リズムは乱れていたのかも知れません。2人の子を出産して、比較すると、こんなにも規則正しい生活が大事だということを改めて実感するのです。

睡眠以外のあんずの1年後の成長

	入園時	入園から1年後
表情	・ボーッとしていることが多い。 ・ニコッとするが笑い声は出ない。 ・目線が合いづらい。 ・泣くことが多い。	・いつもニコニコしている。 ・声を出して笑う。 ・目線が合う。 ・機嫌の良いことが多い。
食事	・肉は食べられない。 ・固い物は口から吐き出す。 ・細かくして食べさせる。	・肉も食べられる。 ・固くても口から出すことは無い。 ・大人と同じ大きさのものが食べられる。
排泄	・紙おむつ	・時間排泄でほとんど失敗なし。
健康	・難聴の疑いあり。	・聴力に問題なし。
認識	・泣いていることが多い ・指さししてもそちらを見ない。	・泣くことが少なくなった。 ・指さししたほうを見ることができる。
遊び	・あおむけで、常に指しゃぶりをしている。 ・うつむけにすると泣く。 ・座位が不安定で倒れやすい。 ・手足の感覚に過敏で床に手足を着けない。 ・手で物を握れない。 ・室内遊びが多い。	・寝返り、旋回、バックで移動ができるようになった。 ・うつむけでも機嫌良く遊ぶ。 ・座位が安定し倒れない。 ・床や芝に手足を着けて遊べる。 ・手で握ったり離したりできる。 ・戸外遊びが多い。

姉・弟の10カ月頃の生活リズムの比較

第1子長女		第2子長男
	6：00	起床
	7：00	朝食
起床	8：00	
朝食	30	
	9：00	
	10：00	
	11：00	午睡
昼食	12：00	昼食
	13：00	
午睡	14：00	午睡
	15：00	↑
	16：00	↕
	17：00	
	30	夕食
	18：00	
夕食	30	
	19：00	入浴
入浴	20：00	就寝（すぐ寝つく）
	21：00	
就寝（長く泣く）	30	
夜中に泣いて起きると、ドライブしたり	1：00	夜中の授乳1～2回
		授乳後はすぐ寝つく
TV等見せていた	3：00	

事例3　昼夜逆転していた息子が…

[I 君母親の手記]

　うちの子どもは昼と夜が逆転した生活で、夜の11時頃に寝てくれたら早い方で夜中の1時や2時は当たり前の様に起きていました。親の私たちもこれではどうしようもないと思い、寝たふりをしてみたり、部屋を暗くしてみたりしましたが、勝手にリビングへ行きテレビをつけて見ているという事が度々あり、結局子どもに夜中までつき合うという生活を送っていました。私はクタクタでした。それでも、保育園に行く前は昼間ボ〜ッとしていてもなんとかやって来れました。が、保育園に通う頃になってもずっと昼夜逆転は続いていて、通園が始まってからも直ることはありませんでした。夜中2時頃寝て、朝は7時40分ギリギリまで寝かせ、泣いても無理やり起し、朝ご飯は食べられず、その間も泣き続け、保育園に送っても自らは歩こうとせず、私はいつも車から降りると、抱いて送っていました。夜は寝ないのだから昼寝はするだろうと思っていましたが、昼寝もせず、いつも動きまわっていました。

　保育園をやめ、「ゆうゆう」に通うにあたり、今までの乱れた生活リズムを整えることを言われ、戸惑いました。聞くと、昼間は外に出て思いっきり体を動かし、夕食は6時頃に食べ、7時30分に入浴とのこと。いざ実行するとなると大変でした。言われた通りにして本当に寝るの？　絶対無理！　と思ってましたが、通園を始めたその夜から夜8時にすぐ寝ました。あんなにも寝られなく落着きのなかった子が、8時にはすんなり就寝し朝は6時に自立起床。朝の散歩もして朝食も食べられるようになりました。笑顔も多くなり、言葉も出てきました。今までの生活は子どもの睡眠は全く足りず、心までおかしくなっていたのではないかと考えるとこわくなります。睡眠がきちんとできるのは、昼間からだを動かして生活リズムを整えてきたことが前提にあると思います。規則正しい生活は、子どもの健康とすこやかな心を育む一番の良薬です。

4 愛は手づくりの食事で伝える

「ゆうゆう」で学んだこと
（保護者アンケートより）

- 必ず朝食（主食はご飯）を食べる。
- レトルト食品や冷凍食品に頼らず、調理をする。
- 水分摂取の大切さ。
  （子どものからだは70％が水分なので水を飲ませる）
- 偏食がなくなると、こだわりも少なくなる。
- 食べられないと決めつけないで、何でも食べさせてみる。
- 食べないからと不安がらず、牛乳やバナナに頼らない。
- ごちそうさまをしたら、その後は食べさせない。
- 愛は、手作りの食事で伝える。
- 旬の野菜を調理する。
- 子どもと一緒に食事づくりを楽しむ。

事例1　料理下手だった私が……

[古澤郁美]

　「ゆうゆう」ではお弁当当番があり、偏食がなくなると自分の子どものお弁当だけでなく「ゆうゆう」に通園している子どもたちのお弁当も当番で作ります。入園したての頃は子どもの好き嫌いがあったり、他の人の作るお弁当の味に慣れないなどあるので、個人でお弁当を作ります。でも、親の調理したものを何でも食べられるようになるとお弁当のお当番に入るのです。

　通園するにあたり、お弁当について先生から言われたことにすごく戸惑いを感じました。私の中でお弁当というと卵焼きやウインナー、ハンバーグなど子どもの好きな物が浮かびます。自分で作らなくてもお手軽な冷凍食品だってあるし、お弁当なんてなんとかなると思っていました。

ところが先生は、和食中心のお弁当を作るように、その際"冷凍食品や加工食品などは使わないで！"と言うではありませんか。私の頭の中は混乱してしまいました。自分はあまり料理がうまいほうではないというより、レパートリーが少ない上アレンジがとても苦手でした。それに加えお手軽な「冷凍食品や加工食品はダメ」だと言われてしまったものですから「何を作ればいいの？」と困ってしまったのでした。

　作れる人からすれば"何を大げさな"と思うかもしれませんが、私にとってはとても深刻な問題でありました。なにしろ料理に対して全く想像力が働かないのですから。個人のお弁当の時は、いつも決まった物しか作れなかったのです。いつも筑前煮、魚、ほうれん草のおひたし。冷凍食品や加工食品がダメなのでレパートリーの少ない、おそまつなお弁当ばかり作っていました。

　先生に「レパートリーを増やして下さい」と言われた時の衝撃は、今でも憶えています。子どもが「ゆうゆう」に慣れた頃、先生から「お弁当の当番に入ったら？」と言われましたが、自分の子どものお弁当すら自信がないのに、他の子どもたちのお弁当作りなんて無理と思い返事を延ばしていました。

　ところがある日突然に今井先生から「明日からお弁当当番ね」と明るくサラッと言われ、つい「ハイ」と答えてしまいました。返事はしたものの「どうしよう、私のお弁当じゃ他の子どもたちに悪いし、喜んでもらえるわけないよ〜」と心で泣いていました。そんな心を察してくれたのか先生が、お母さんたちが毎日付けているノートを貸してくれました。そこにはお母さんたちの作ったお弁当のメニューと材料が細かく書いてあったのでじっくり読みました。「ごはん・おひたし・煮物・野菜炒め・メインのおかず（肉又は魚）」料理も私の作れそうな物がたくさんありました。

　「私でもできる」とその時思いました。

古澤さんの手作りお弁当

　他のお母さんたちの作る煮物や炒め物は、入っている具材は違ってもだいたい5品入っていて、例えば肉ジャガにしても肉と玉ねぎ・じゃがいも

> 初日のお弁当
> ・卵焼き
> ・トマト
> ・きゅうり漬物
> ・焼き肉
> ・ニンジン／ジャガイモ

> 現在のお弁当
> ・ほうれん草のごまあえ
> ・さけの焼き魚
> ・煮物（ニンジン／大根／ジャガイモ／豆／昆布／たけのこ）
> ・ひじき煮（ひじき／油揚げ）

だけでなく人参・こんにゃく・いんげんなどさまざまな物がそのお母さん流に入っていて、どの煮物も栄養のバランスがとれています。メインの料理も肉を入れた次の日は魚と替えていて、偏らない工夫がされていてとても勉強になりました。

それから私はいろいろな料理の本を買ったり、インターネットで自分に作れてアレンジの効きそうな料理を調べているうちに料理が楽しくなりました。子どもたちは喜んでくれるだろうか？　子どもたちの笑顔が頭に浮かんできて、あんなに自信がなかったのにウキウキした気持ちでお弁当を作る自分がいました。

確かに朝早くからのお弁当作りは大変です。でも子どもたちの健康を考えたら少しくらい大変でも平気です。手軽なインスタント食品ならお弁当作りは楽だし簡単でしょう。でも愛情はこもっていませんし、健康も保障できません。たかがお弁当でもこれから成長する子どもにとっては一日の大切な栄養源です。バランスの摂れた食事を提供するのが親の勤めです。

お弁当作りをして気付かされることがたくさんありました。これまでいかに私が食に手を抜いていたかということです。できないのではなくてやろうとしなかった自分がいたことに気付きました。

一番忘れていたのは子どものことです。毎日"お弁当を作らなきゃ"という思いで作ったお弁当はきっと美味しくなかったんじゃないか？　と思います。もしお弁当当番に入っていなかったら今のように食の大切さや健康面のことなど考えていなかったと思うし、毎日の食事のレパートリーやアレンジもできなかったと思うので、お弁当当番に入れてもらって本当に感謝しています。そして何より手作りをするようになったからか、子どもの言葉がはっきりし、たくさん話すようになり、いつの間にか文字も読めるようになってきました。これからも愛情たっぷりのお弁当を作っていきたいと思います！

事例２　水分が摂れるようになったＳ君

［Ｓ君母親の手記］
　Ｓは、かなりの難産で生まれすぐに救急車で小児センターに運ばれ検査を受けました。その時は異常が見つからず退院になりましたが、とにかくよく泣く子でした。抱っこをしていないと泣くので、授乳をしてやっと寝ついたかと思い布団に寝かせても、敏感に起きて泣くので、私は壁にもたれかかってＳを抱きながら寝ることも多かったです。
　大変だったのは眠ることやはう運動だけでなく、水飲み、排泄、食事などいろいろな場面でよく拒否をして泣き、ひとつひとつに時間がかかりました。入園して水分の大切さを知り、最初はスプーンで一口ずつ飲ませてみました。コップで飲めるようになると、持たせたとたんに拒否して投げるのでコップを投げられないように一緒にもって、歌を歌って飲ませたり、わざと美味しそうに音をたてて目の前で飲んで見せたりしました。
　泣こうがわめこうが、コップを持つ手に力は入りながらも、「はい、どうぞ」と笑顔で勧めます。コップの１／３を飲むのに２０分近くかかることもよくありました。早く飲んで！　と思えば思うほど、うまく飲めなくなるので、我慢・我慢で飲ませました。本当に飲みが悪かったので、水が飲めるようになるまですべての飲み物を水にしました。
　そして、私たちもＳの前ではいつも一緒に水を飲むようにしました。ジ

ュースや牛乳を少しでも飲ませてしまうと、またすぐに水が飲めなくなってしまうので、祖父母の家に行っても、協力してもらい、水以外のものは飲ませないようにしてもらいました。水を嫌がらず飲めるようになるには2年以上かかりましたが、5歳になった今ではどんな状況でも自分から水を飲めるようになりました。

　水が飲めるようになると風邪も引きにくくなり、風邪をひいても治りが早くなりました。妹のHのことでありますが、Hが肺炎になった時も「本当だったら入院しなくてはいけないけれど、この子は水分がしっかりとれていて状態がよいから入院しなくても大丈夫そうだ」と医師に言われたことがありました。この時、水が飲めるということは本当に大事なんだなぁと思いました。

事例3　アトピー性皮膚炎で困っていたS君の場合

S君の3カ月後の変容

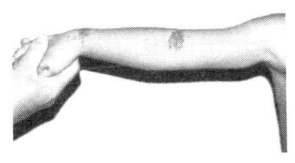

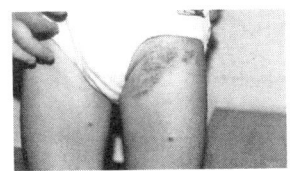

入園時の手足　　　　　　入園3カ月後の手足

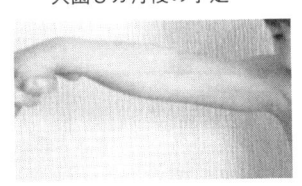

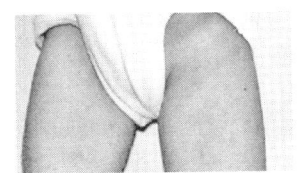

[指導員手記]

　S君は手首・足・股関節・顔にと、吹き出物がたくさんできていて、いつも泣き顔ばかりしているお子さんでした。散歩に出かけようとしても、痒くて道路に座り込み手足を掻き続け泣きべそをかいている、そんな子でした。

　自閉的傾向があり、偏食も多く、肉と生野菜は食べますが、魚や野菜（青

菜や根菜類）は全く食べず、肉と生野菜を好み、飲み物もジュース・ポカリスエット・牛乳などが多く、スナック菓子もよく食べていたそうです。

　入園して、食の大切さを学んでからのお母さんは大変身をしました。冷凍食品やレトルト食品には全く頼らず、Ｓ君の好きな物だけではなく苦手な食材も使って、すべて手作りのおかずを作ってくれるようになったのです。水分は水だけにしてもらいました。もちろん、生活リズムを整えるために早起き・早寝をし、朝の散歩も始めてくれました。日中に「ゆうゆう」で笑顔を向けながらの運動も続けて３カ月。見事にキレイなからだになり、輝く笑顔を取り戻したＳ君でした。

　入園当初は「ウンガ」としか発声がなく、名前を呼んでも振り向かない・手に物を持つこともできない・おむつで過ごすＳ君でしたが、１年後にはたまに単語を言い、姉に「ネーネ」と呼ぶようになったり、やりとり遊びができて積木も数個積めるようになったり、本読みを聞けるようになったり、小便も自分で、大便も毎朝排便で失敗がなくなりました。

⑤ 排泄はできると信じて待つ

「ゆうゆう」で学んだこと

（保護者アンケートより）

- あきらめないで、『できる』と信じて働きかける。
- 子どもが尿意を伝えられなくても日中は紙オムツを外して、布パンツを穿かせる。
- 時間を決めておしっこや排便をうながす。
- 便秘をさせないようにする。
- 規則正しい生活・バランスよい食事・適度な運動・水分をとる。
- 食後は定期的に便座に座らせる。
- 失敗しても叱らない。
（「出ちゃったね」と言って叱らずに取り替える）

事例1　排泄定着できたR君の場合

[R君母親の手記]

入園時	入園から1年後
・よだれが出る。 ・おかけを一日で10枚替える。	・よだれは、ほとんど出ない。 ・おかけ不要。
・口がいつも開いている	・口が開かなくなった。
・指しゃぶりが多い。	・指しゃぶりがかなり減った。
・5mmの刻み食にトロミをつけて親が口に入れてやる。 ・固い物は全く食べられない。	・大人と同じ大きさと固さの食材をフォーク・スプーンで器を持って自分で食べられる。
・納豆と卵かけご飯のみ。	・偏食なく食べられる。
・紙オムツ使用。	・布パンツで過ごす。小便・大便共にほとんど失敗なし。
・親が着替えさせる。	・パンツ・ズボンは着脱できる。頭に被せれば着られる。
・風邪を引きやすく、ずっと鼻水と咳が出て咳込みが激しい。	・風邪を引かなくなり、鼻水や咳が出なくなった。
・強心剤と離尿剤を服用。 ・カマと整腸剤を服用。	・強心剤と離尿剤とは服用。 ・カマと整腸剤は不要になる。
・長い距離は歩けない。	・2kmくらい歩ける。
・絵本は聞いていられない。	・絵本を聞いていられる。
・気が散り、集中できない。	・集中時間が延びた。
・怒ると壁などに頭を打ちつけたり、噛みついたりする。	・園だと頭の打ちつけや噛みつきはないが、家ではたまにある。

　入園当初、当然のように紙おむつをつけていました。発達の遅れをよいことに、頭からおむつなんか取れるわけない！　と思い込んでいて、とる努力もしていませんでした。そんななか、3歳4カ月の春に「ゆうゆう」に入園しました。園の方針で入園したその日からすぐにパンツで過ごすことになりました。「ゆうゆう」では先生たちが時間で排泄を促し、オマル

やトイレでおしっこができるとうんとほめてくれます。でも、家では新築したばかりだったせいもあり、なかなか思い切ってパンツにしてあげられませんでした。それでも少しずつパンツで過ごす時間を増やしていきました。

　入園してから約半年後の秋には排泄に気を取られるあまり、母のほうが過剰に反応してしまい失敗の多い時期もありました。そんな時には、連絡ノートに「お母さんがトイレ、トイレと気にしていませんか？　気にかけすぎると失敗が続くみたいですよ」とアドバイスがあり、軌道修正ができました。そしてこの頃からだんだんと家でも通してパンツで過ごすことができるようになってきました。

　6歳になった現在、家では早起き・早寝が定着し、尿意だけでなく、少しの間なら便意も我慢することもできるようになり、失敗はほぼなくなりました。排泄に限らず、「ゆうゆう」に入園して早寝・早起き・朝の散歩・バランスのとれた食事など、生活リズムを整えることと園でのさまざまな取り組みで入園前には「できるわけない」「できなくて当然」と思っていたことのすべての項目について、1年でかなり改善されたのでした。

事例2　便秘が改善されたM君の場合

[M君母親の手記]

　寝たきりだったMの排泄では、入園時は5〜7日も便秘することが多く、自力で排便ができず浣腸や薬を使って排便させていました。1週間に1〜2回排便させても、便が硬くて肛門が切れて血が出てしまうこともあり、便を柔らかくするための薬を飲ませたこともありました。

　入園してから生活リズムを整え、腹筋がつくようにお腹のマッサージや足の曲げ伸ばしの運動を日課とし、なるべく多くからだを動かしてあげたり、水分を"スプーンで一匙ずつ"を繰り返して意識的に飲ませたりすることで便も柔らかくなり、肛門も切れることはなくなりました。週に2〜3回自力排便ができるようになりました。

　その後、ミキサー食からキザミ食が食べられるようになると、途端に、

便秘気味だったMが毎日食後決まった時間に排便できるようになったことは今でも忘れることのできない驚きの事実です。同じ食材を同じ量食べてもミキサー食とキザミ食ではこんなに違うものかと思い知らされました。

事例3　排泄で困っていたR君の場合

[R君母親の手記]

　特に大変だったのはトイレトレーニングでした。「ゆうゆう」に入園してすぐにトイレトレーニングが始まりました。始めは意外にスムーズで順調に、立っておしっこできるまでになりました。でも男の子は女の子と違って大便と小便では方法が違います。おしっこは3歳9ヵ月で出たい時に自分からトイレに行ってできるようにまでなったのですが、うんちはいつもパンツでした。そのうちパンツにうんちをしたら気持ち悪くて脱ぐようになりました。これも成長なのですが、脱いだ後うんちであちらこちらと汚すようになりました。カーペット、カーテン、畳、壁、車内とあちこちで汚されました。ちょっとのすきに汚されました。汚されて片付けている間に隣の部屋を汚されることも何度もありました。本当に酷い汚され方をして泣きながら片付けたことも何度もあります。イライラして怒ったことも、何度もありました。

　初めて自分でトイレに行ってうんちをした時は嬉しくて涙が出たのに1カ月ほどしたらまたパンツに漏らすようになりました。また逆もどりしてしまったのです。何が原因だったのかは全くわかりませんでした。それから半年、また汚され続けました。一度できるようになったのにまた振り出しに戻ったので私のイライラは更に増しました。とにかくトイレでうんちができるように、あきらめずにできると信じて、「ゆうゆう」の先生にも協力してもらい昼食後も含め、毎回食後に座らせるようにしました。タイミングを合わせるのは難しいことでした。

- 失敗したら必ずトイレの前で着替えして「汚したときはここで着替える」とわからせる。
- パンツのうんちも本人にトイレに捨てさせて流させる。

などを徹底してうんちはトイレですることを教えていきました。絵本が大好きなRなので『みんなうんち』という本を寝る前や、トイレの便座に座らせている間、毎日のように読んであげました。

すると見事にはまりました。その本のお陰と毎日座らせ続けた甲斐あって、4歳9カ月でやっとうんちも自分でトイレへ行ってできるようになりました。時間もかかり大変な思いもしましたが、今となってはよい思い出です。

6 親の対応を変えれば子どもは変わる

「ゆうゆう」で学んだこと

（保護者アンケートより）

- 親が主導権を持つ。
- 子どもの言いなりにならずに我慢させ、ダメなことは「ダメ！」とはっきり伝える。
- できたことは小さなことでもオーバーにほめ、共に喜ぶ（ほめる時は子どもの目線に合わせて）。
- 本人が獲得できていることは本人にさせ、時間がかかっても待つ。

事例1　我慢を覚えたT君

[T君母親の手記]

通園してTが変わったことは、「我慢を覚えたこと」です。私の中に「障がい」を持たせてしまった、という負い目のような気持ちがあったために、小さい時から何でも子どもの言いなりになっていました。それに、T一人では何もできないと決め付けていたところがあり、すべて親がやってしまっていました。

実年齢が2歳の時…
- 立てないから親が抱っこで移動させる。

- 食事は喉に詰まらせては大変だからと細かく刻んで食べさせる。
- 着替えも母親がする。
- 泣けばすぐに抱っこする。
- お風呂も抱っこしたままで入浴する。

と、何でも私がしてあげていました。親の私がそれで当たり前だったため、Tにとってもそれが当たり前と慣れてしまい、食事は口を開けるだけ。起きれば抱っこして着替えさせてもらえる。お風呂も何もしなくてもお母さんが洗ってくれるという考えを植え付けさせてしまいました。

午後の面談で今井先生から指摘を受け、「自分のことは自分でさせる」を意識した子育てに対応を変えていきました。

- はいはいで自力の移動をする。
- 食事はスプーン・フォークを持たせ、自分で食べさせる。
- 着替えも自分でできるように介助するだけにする。
- 泣いてもすぐに抱っこをせず、楽しくからだを使って遊ぶ。

などです。変えるのは本当に大変でした。食事ひとつをとってもスプーンを持たせて食べることに抵抗してスプーンを投げてしまい、うまくすくえなければまた投げる。「待ってて」と言えば早くよこせと泣き喚いていました。面談で指摘を受けるまでは、いつもTが泣かないように母親の私がTに合わせればいいと思っていました。でも「そのまま大きくなって、自分の思い通りにならない時に暴れるような子になったら大変なことになる。今のうちに我慢を覚えさせることが大事」だということに気付かされ、食事では怒ってスプーンを投げた時点で、食べることを止めさせて「怒ったり投げたりしてはいけない」ことをわからせていきました。

着替える時も、自分で穿けるようになってからは、親がパンツを広げておくだけで自分で穿くことを教え、うまく穿けなくて怒って放り投げてもまた広げるだけで親は手を貸さない、を繰り返しました。パンツ一枚穿くのに15分くらいかかったこともありましたが、今ではすんなり穿けるようになりました。そのことをちょっと忘れて親が手を出すと、子どもも自分で穿くことを忘れてしまい、親を頼り、また怒って投げることを始めてしまいます。月日を重ねる中で私自身も「我慢して待つ」「Tに任せる」

ことを覚えました。母である私が譲らなくなってからはTも変わってきました。「自分のことは自分で」と、他のことでも自分でやろうとする姿が表れてきて精神的に成長したと感じました。

事例2　育児は育自

[B君母親の手記]

　子どもがまだお腹にいた頃は、子育てなんて軽く思っていました。泣いたらミルクを飲ませたり、おむつを替えればそれだけで子どもはスクスクと育っていくと思っていたからです。でも、現実に子どもが生まれたらミルクやおむつ替えの他にも、あやしたり体温調節に気を配ったりしなければならないし、泣き止まない時はいろいろな原因を考えなければならないということがわかり、なんて気が抜けないんだ！　と思いました。

　出産後は帝王切開ということもあり、実家にお世話になることにしました。赤ちゃんが生まれ、自分の時間もなくなり疲れていましたので、いろいろな理由をつけては親に赤ちゃんのことも自分のこともすべて任せっきりにしていました。そんな私を両親は不安に思ったのでしょう。「自分で子どもの面倒をみないでこの先どうするの！」と、よく叱られました。叱られても私は自分のことばかりが先で、そんな両親に反発ばかりしていました。

　数日すると両親が赤ん坊のことに一切手を出さなくなりました。泣いてもあやしてくれないし、ミルクも与えてくれませんでした。私になんとか親としての自覚をさせたかったのだろうと、今にしては思います。それでも私は、なんでみてくれないんだと怒っていました。母親が見るに見かねて赤ん坊の面倒をみようとすると、父親が「それでは○○に親としての自覚がつかない」と言って母親を止めていました。私は仕方なしに泣く赤ん坊にミルクを与えたり、おむつを替えたりしていました。

　でも、泣く子を可愛いとも思えませんでしたし、自分の寝る時間がなくなってくると赤ん坊に怒っている自分がいました。「なんで泣き止まないの！」「生まなければよかった！」と、思わず口に出てしまい涙が溢れてどうしようもなかった記憶があります。

2カ月ほどしてやっと実家を離れ、夫婦だけで赤ん坊の面倒をみるようになりました。いろいろと子どもと向き合い子どものことを考えているうちにやっと可愛いと思えるようになりました。今振り返ると、子どものことより自分。すべてにおいて自分が優先だったと思います。寝る時間がない・自分のやりたいことができない・外出も今までのように好き勝手にはできない・すべてが今までのようにはいかないことがストレスとなり、その原因をすべて赤ん坊のせいにしていた気がします。子どもがお腹にいる時は、まさか自分がこんなことを思うはずがないし、育児ノイローゼなんてなる人の気がしれないと思っていましたが、自分も近い状態に陥っていたということです。

　なんとか手探りしながら育てているうちに子どもが歩くようになりました。歩き出すと歩き出したで、また悩みが出てきました。親はあてにならないと思い、そのたび育児書を買って読みました。買っては読み買っては読んでも、うちの子はこの育児書に載っているこのことができない。あれも・これもできない……と、読むたびに不安になりマイナスのことばかり考えるようになり、自分の子どもにあてはまる本をなんとか探さなくっちゃ！　と何冊も何冊も買いあさりました。今考えれば笑えるような変なことですが、その頃の私には本だけが頼りでした。

　最近押入れの整理をしたら、当時買った育児書が何冊も出てきて、驚いたことに同じ本が何冊もありました。そのくらい自分の子どもの不安を消してくれる本を探し求めていたのです。今になってみると育児書なんて読まないほうが親の気持ちが安定して、のびのびと子育てができたんじゃないかと思えるし、育児書でその当時の悩みが解決したものはひとつもありませんでした。例えば、言葉の遅れについても、1歳〜3歳までは様子をみましょうとか、それ以降は専門機関で診てもらいましょうとかしか書いてなくて、遅れていたなら何をどうしたらよいか、どうすれば今よりよくなるのか、というような改善に向けての具体的なことが書いてある育児書はひとつもありませんでした。

　その頃の私は、子どもの言葉の遅れをとても悩んでいました。それに偏食があり、38度くらいの熱も出しやすく、下痢もしやすい、よく動き回り

落ち着きない、それに泣くことが多くあまり笑わない子どもでした。それらは、保育所に入れればよくなると思い未満児保育園に入れてみました。でも、1年経過しても言葉は出てきませんし、他のことも相変わらずでした。

　そんな時「ゆうゆう」に出会い、河添理論を学びました。理論などというと難しそうですが、その18項目は、とても当たり前なことで、「早起き」「早寝」「朝の散歩」「朝ごはん」その他、子どもに笑顔をむけて十分な運動などをして一緒に遊ぶ、家ではお手伝いをさせるなど、誰でもできることばかりでした。初めのうちは、そんなことで本当に言葉が出てくるの???　と、不安でしたが、いざ「ゆうゆう」に通園し始め、家でも早起き・早寝を実践してみると何カ月もしないうちに単語が出てきて、一年もしたら本当にたくさんの言葉が出てきました。言葉だけでなく、健康になり、認識力も付いてきて、なにより笑顔が本当に可愛い子どもになりました。当たり前のと書きましたが実は、実践してみて、今までの生活がいかに子どもによくない生活だったかを気づかされたのです。

　私自身がそうだったように、「朝6時に起こす？　忙しいんだからそんなの無理！」「夜8時に寝かす？　そんなことできっこない！」と思われる方もたくさんいるでしょう。でも、せめて早起き・早寝だけでも実践してもらいたいです。本当に子どもが落ち着くし、健康になるし、家族みんなの生活も安定してきます。大人の都合で子どもを振り回すのは、子どもの健康を損なうということを身を持って体験したので言えることでもあります。

　「ゆうゆう」では、子どものことだけでなく、親のことも相談にのってくれるし、今まで悩んでいた育児のこともよくする方法を教えてくれました。本当に感謝しているし、出会えたことが育児の悩みの解決でもあったと思います。私の子育てはまだまだ続きますが、子どもを通して自分自身が悩んだり・落ち込んだり・喜んだり・笑ったりするなかで親として成長し、親になっていけるということを今ではとても嬉しく思っています。

　育児する時間は、子どもの成長を助け親として成長することができる大切な時間だと思います。今からまた悩むことがあっても自分が成長できる時期だと思えばきっと頑張れると思えます。

7 大人は言動に責任を持つ

> **「ゆうゆう」で学んだこと**
> （保護者アンケートより）
> ● 親が言動に責任を持つ。
> （帰ると言ったら帰る。おしまいと言ったらおしまいにする…等）
> ● 子どもに言ったことは必ず守る。（約束は守る）
> ぐずられても子どもの言いなりにならない。

事例1 よだれが止まり、落ち着いたY君

[Y君母親の手記]

　2歳児集団健診の時の会場で、初めて「あれ？　Yってなんか他の子と違う……」と感じました。他の子たちはみんな診察の順番を待っている間椅子にじっと座って遊んでられるのに、Yだけウロウロとせわしなく動きまわり、そのうちギャーギャー泣きわめく始末。そんな子は誰一人いないのです。

　その後の普段の生活の中でも気になることはいくつかありました。外に出たり初めて行ったりする場所ではまるで何かにとりつかれたかのようにウロウロと落ち着かなくなる。公園で他の子は服をあまり汚さず遊んでいるのに、Yは平気で地面を転げまわり、水たまりがあろうものなら服を全部脱いで行水しだし、髪まで洗おうとするのでいつもたくさんの着替えを持って行きました。また、手をつなぎたがらずパーッと走って行ってしまい、いろいろと触りたがるので、いつもYの視線の先にある物、手の先にある物に神経をとがらせてました。その他、親の後をついて来ない・よだれがいまだ止まらない・会話をしていてもなにか心と心がカチッとかみ合っていないような違和感も感じました。月日が経つうちにそれがどんどんひどくなっていきました。でもこれは男の子だからこの子の個性だ、好奇心旺盛だからなんだ、私の躾が足りないんだと思い込もうとしてました。

そして３歳児集団健診。２歳の時と同様に言葉の遅れを指摘され、専門病院で精密検査を受けました。「Ｙ君は自閉症の傾向があります」診断名は自閉症スペクトラム。「自閉症は生まれながらの脳の障がいです。今現在はっきりした原因はわかっておりませんが、親の育て方や生育環境のせいではありません。病気のように完治するということはなく一生付き合っていく障がいです。でも今後の適切な対応などにより社会に適応できるよう改善していくことはできます」……えっ一生治らないの？　それより本当にＹは自閉症なの？　……納得できない私はすぐにＹを別の発達専門の病院にも受診させました。でも「Ｙ君は自閉症のなかでも人とのコミュニケーションに障がいがある広汎性発達障害のようです」と、診断の結果は同じようなものでした。

　専門病院での言語聴覚士によるリハビリが始まり、春には先生の勧めと親の期待もあり幼稚園に入園しました。「Ｙ君は言葉による説明が苦手なので、絵や写真を使ってていねいに説明してあげてください。急な予定変更も苦手なので前もってその日の予定を教えてあげてください」と、理学療法士の先生から指導を受け、それらをＹの障がい名と共に幼稚園側に伝え説明しました。そして入園式。私がついていても最初のほうしか椅子に座っていられず、みんなが座っている足元をはいはいで逃げまわり、しまいには後ろで一人歌を歌いだす始末です。集合写真の撮影ではカメラにおびえ泣きだし、逃走しようとするＹを押さえてやっとの思いで写真に収まりました。でも２学期には椅子に座っていられるようになり出歩くこともなくなってきました。ただ相変わらずよだれが多く、他の子とコミュニケーションがあまりとれておらず、理学療法士から受けたアドバイスだけでは対応できないことも増え、クリスマス発表会が終わったあたりからＹが荒れはじめ、他の子を叩いたり聞きわけがなくなったりとたくさんのトラブルが出てきたことを聞かされました。

　幼稚園から児童デイサービスの利用をと勧められて、「ゆうゆう」の見学をしました。今井先生からいろんな説明を受けている時、一緒に来ていたＹがお茶請けに出された自分の分のみかんを食べ終え「もっと！」と私に要求してきました。私がいつもどおり私の分をあげようとすると、先生

がそれを止め、「Y君はもう自分の分は食べ終えたのだからあげる必要はありませんよ。お母さんはニッコリ笑って自分の分を食べていて下さい」と言いました。その当時は、子どもが欲しがっているのに親が平然と食べているなんて想像もできなかったのです。甘やかしているつもりはありませんでしたし、それにおもちゃやお菓子をねだっている訳ではないのです。たかがみかんです。「えっ？」と思いながら先生の迫力に圧倒され、そのとおりにすると、とたんにYは、お茶はひっくりかえすは泣きだすはで大騒ぎになりました。でも先生は動じることなくニコニコとみかんを食べています。「子どもは親の態度を見ているよ、親がまず変わらなきゃ駄目」との言葉と共に。

「ゆうゆう」入園から1週間後のお花見ハイクでは手をつなぎたがらずリュックも手に持ったまま一人でどんどん行くYでした。でもみんなの後を機嫌よくついて行っているのだから気にしませんでした。ところが先生は「手をつないでちゃんとリュックも背負わせて」と言い、力ずくで嫌がるYにリュックを背負わせ、降ろせないようにバンダナで肩ベルトを結び始めました。そのとたん狂ったように泣き叫び地面を転げまわるYです。私はそんなYを引きずるようにして必死に歩きながら「なんてひどいことするんだろう、こんなことしなければご機嫌で歩いて行くのに」と内心怒りを感じていました。それに「ゆうゆう」には、自閉症児の対応につきものの『写真や絵カード』も見当たらないのが疑問でした。自分で決めて入ったものの、本当に早寝・早起き・朝の散歩・朝ごはん、そして「ゆうゆう」での運動、夜のはいはい遊び、親の笑顔で改善していくのか……も、少し不安でした。

そんなもやもやした気持ちをかかえ、慣れない生活に悪戦苦闘しながら1カ月が経ちました。最初にYの変化に気がついたのは、引き続き通っていた専門病院でのリハビリの時間でした。それまでは、何回行っていてもおもちゃがたくさんある大部屋から個室への移動がスムーズに行かず、やっと個室に入ってもすぐに気が散ってしまい、終わりの時間になってもパッと帰れませんでした。それが今回は、始まりと終わりの時間の切り替えや個室への移動がスムーズになり、なにより先生としっかり向き合い課題

に集中して取り組んでいるのです。ビックリしました。ビックリはしましたが理由のひとつはわかっていました。私のYへの対応が変わったからです。

　それにはきっかけがありました。「ゆうゆう」終了後の園庭で「まだあそびたい」と、なかなか帰りたがらないYに私はくどくどと説得し、「もうお母さん帰るからね」と言いつつまたYのほうに戻って行き、また同じようにくどくどと説得する…を繰り返していたのです。その私の姿を見ていた今井先生が「お母さん、Y君に帰るって言ったのだからいつまでもそこにいないで、その言葉どおりさっさと車に乗って帰りなさい！」とビシッ！　と言われたのです。そんなことをして本当に大丈夫だろうかと思いつつそのとおり車に乗り込みエンジンをかけバックミラーを見ると、慌ててリュックを背負いこちらへ駆けてくるYの姿が…。それを見て、思わずガッツポーズをしながら大笑いしてしまいました。

　「駄目なものは駄目という毅然とした態度をとる」
　「親の言った言葉に責任を持ち、子どもに譲らない」
　「ぐずった時に、子どもの機嫌をとらない」
　「困った時は困らない」
　（親が困ると思うことを子どもがするようになる）

　振り返ると、お花見ハイクの時もそうでした。リュックを背負える背負えないの問題ではなくその場にふさわしい行動をとれるか、周囲に合わせられるか、それをきちんと態度で示せない私の姿勢が問題でした。それからというものどこへ出かけるのも本当に楽になっていきました。手をつなぐようになり、あれこれ触らなくなり、呼べばちゃんと親のあとをついて来るようにもなりました。

　また噛みごたえのある食べ物を食べ、はう運動を続けていくうちにいつも上着の襟元をビッショリ濡らすほど垂れていたよだれがまったく垂れなくなっていました。はう時に顔を上げることによって顎や頬の筋肉が鍛えられたのです。また最初はまったくできなかった雑巾がけや手押し車の姿勢ができるようになり、日々の活動の滑り台の逆のぼり、雲梯、棒のぼり、リズム遊びは筋力やバランス力をつけ、山登りなどもできるようにな

り、それと一緒に指先が器用になりました。驚くことに指先の器用さと一緒に会話力がついてきて、Yも相手の言っていることを意識して聞き、それにふさわしいことを返せるようになったのです。今までYと会話をしていると思っていたのですが、実はYの言っている言葉に親が合わせているだけだったとわかりました。会話力だけでなく、文字の読み書きも自然とできるようになりました。まさに「筋力がつくと認識力がつく」です。筋力や認識力がつくとできることが増え、そして自信が生まれ笑顔も増えてきました。今までは怖がったり嫌がったりするものは無

入園前のY君の絵

入園7カ月後のY君の絵

理にやらせたりはしませんでした。でもそれでは苦手意識だけが残ってしまうだけと先生から指摘され、少しだけでもチャレンジさせるようにし達成感を味わわせるようにと言われました。するとまたどんどん笑顔が増えてきました。もちろん、一緒に親の笑顔も増えてきました。心の変化は絵にも現れ、明るい色調が増えてきました。

　幼稚園時代後半の絵は、何か描いても最後は黒でグチャグチャに塗りつぶしてしまっていました。怒られて自信をなくし孤立し荒れていったYの心そのものでした。

　それが変わりました。

　私はYの障がいに対して、障がいなんだからしかたがない、できなくてもしょうがないと心のどこかで思い、可哀想なY、そしてそんな子をもった可哀想な私と自分を哀れみ、甘えてました。自閉症は専門的な指導が必要なのだから専門家にまかせるべきだ、専門家が改善してくれると受け身になっていました。親が育てる、親こそが最大の専門家だということを忘れていました。親の私のそんな姿勢がYの足を引っぱり、障がいをさらに

悪化させていたのです。気持ちのうえでの土台、生活面の土台、心やからだの土台がちゃんとできていなかったがために思うようにのびていかなかったのです。「ゆうゆう」の先生方だけにＹのことをお任せするのではなく、家庭でも「ゆうゆう」で学んだことを実践し継続していくことの大切さ、早寝・早起き・朝ご飯。毎日楽しく遊ぶなかで筋力をつける遊びの重要性、そして、なにより親の毅然とした態度と笑顔。それに気付かせてくれたのが「ゆうゆう」でした。「ゆうゆう」は障がいだけにとらわれず、Ｙの力を信じてくれました。「Ｙ君、きみは本当はできるんだよ、いい子なんだよ…」と。

Ｙ君の困っていたことについて

入園時	入園から１年後
・いつもよだれが出ている。 ・何かに集中するとボタボタと垂れ落ちるほどのよだれが出る。	・よだれが出なくなった。 ・集中してもよだれは出ない。
・転びやすい。	・転ばなくなった。
・すぐに疲れて抱っこをせがむ。 ・体力がなく、すぐに疲れる。	・抱っこをせがまなくなった。 ・体力がつき、２kmくらい歩ける。
・食事…硬めの根菜類は食べられず、繊維質の多い食材は、口から出す。 ・手づかみで食べることがある。	・食事…硬い根菜類や繊維質の食材も噛んで呑み込める。 ・スプーン・フォーク・お箸を使って食べられる。
・小便…よく漏らす。	・小便…漏らさない（自分で行きたい時にトイレに行ける）。
・お腹をこわして下痢をしやすい。 ・吐くことが多い。	・下痢をしなくなった。 ・吐かなくなった。
・新しいことや場所でパニックになり、大騒ぎをする。	・新しいことや場所でもパニックにならない。
・じっとしていられずふらつく。	・ふらつかずに座って待てる。

8 継続は力なり

> **「ゆうゆう」で学んだこと**
> （保護者アンケートより）
> - できないと思わずに、諦めずにやらせてみせる。
> - 一緒にやってみて、何度も何回もやらせてみる。
> - 運動を継続しないと、筋力はすぐに落ちてしまう。
>   ※土・日くらいは……と、からだを動かさないでいると月曜日にすぐに姿勢や、落ち着きに表れます。

事例1　健康になったKちゃん

[Kちゃん母親の手記]

　「ゆうゆう」入園前のKは水分を摂ることが少なく、飲ませても一口、口に含むことが精いっぱいという感じでした。母親の私も、熱や咳が出ると早め早めに病院に連れて行き、すぐ薬に頼っていました。なぜなら、生まれた時から全身の筋力が弱く、体もグニャグニャしていて9カ月健診の時にはからだの小さいわりに頭が大きいということで水頭症の疑いを持たれMRIを撮り、脳の運動野にダメージが見つかり灰色軟化症と診断されたからです。それ以来、毎月血液検査や肝臓の検査など検査づくしでした。そのためか2歳を過ぎた頃から病気がちになり、入院や薬の服用が始まりました。初めての入院は、多けい性紅斑という病名でした。入院する前に、全身真っ赤で島のようにつながるじんま疹ができ、ステロイド薬を飲むときれいに治ったのですが、また3〜4日後に全身真っ赤にじんま疹ができ、次の日それが紫色になり膠原病をうたがわれ、検査も兼ねて入院しました。そのあと咳が出るようになり、ゼイゼイしはじめて、医師から4種類の薬を飲むよう指示されました。

　退院後、咳も出ないので薬を飲ませずにいたら3カ月後くらいに風邪をひき、喘息症状が出て40度を超える高熱が出てしまったために再び入院

し、酸素テントに2週間も入っていました。以来退院してからも病気になるのが怖くて薬は欠かさず飲ませることにしました。3歳で喘息で入院した時の原因は、飲ませていたテオドールという薬の副作用が疑われ、その後はテオドールを除いた3種類の服用となりました。4歳になり、「ゆうゆう」に入園前の11月初め頃からまたもじんま疹ができ、ステロイド薬で治療するためには、外来では限界の服用量とのことで入院して治療することになりました。

　結局1カ月近く入院が長引き、寒い冬の1月から通園が始まりました。その頃もいつも車には入院用バッグを用意していました。

　生後11カ月から他の公共機関に訓練に通っていましたが、あまり変わらなかったのと、私たちには訓練という言葉自体に拒絶反応があり、なかなか腰があがらずにいました。でも、夫婦で「ゆうゆう」を訪れた日、子どもたちが楽しそうにかつ真剣に遊ぶ姿を見てインスピレーションのようにここなら丈夫になれるという思いが広がりました。しかし現実には、家から「ゆうゆう」までは車で50分くらいかかります。でも、今までのようにこれ以上入退院の繰り返しをしたくない、なんとかKを丈夫なからだにしたいという家族の決断で通園することになりました。

　通園を始めると1日ごとにできることが増え、入園後3カ月で本当にいろいろなことができるようになって、ただただビックリしました。入園してからだを動かし、早寝・早起き・朝ご飯を実践するとKの表情が生き生きしてきて病弱そうな顔つきだったのが健康的になりました。入園前は親の都合でKが眠くなるまで遊ばせておきました。朝6時に起きて夜8時に寝る生活に変えると本当に変わってきました。あんなに弱かったからだが少しずつ丈夫になり、入園前は咳が出始めるとゼイゼイして喘息で入院になっていましたが、今はゼイゼイすることがなくなって薬を飲む量も減りました。からだつきもがっちりしてきました。排泄も入園して2日目にはトイレででき、びっくりしています。言語も指さしをするだけでしたが、単語も少しずつ増えて「ママ」と、呼んでもらえた時は、涙が出るほど嬉しかったです。

Kちゃんの健康についての変容

	入園当初（4歳5カ月）	入園してから1年後（5歳5カ月）
顔色	・顔色が悪い。	・顔色、肌艶がよくなった。
風邪	・1カ月に一度は風邪を引く。 ・風邪をひくとじんま疹になりやすく薬を欠かさず飲む。 ・風邪をひくと胸がゼーゼーして入院になることが多い。 ・高熱が出やすい。	・風邪を引かなくなった。 ・風邪を引いても病院に行かなくても治ることが多い。 ・風邪を引いても胸がゼーゼーしなくなった。 ・高熱は出ない。
薬	・アレルギーの薬3種類服用 ・痰をきる薬2種類服用 ・栄養補給飲料を飲む。	・じんま疹予防薬1種類のみ服用
体形	・肋骨がくぼんでいる。 ・身体がグニャグニャしている。 ・膝が反り返っている。	・肋骨のくぼみが改善された。 ・身体が筋肉質になった。 ・膝が反り返らない。
水分	・水分を摂りたがらない。	・水分を自分でよく飲める。

Kちゃんの姿勢の改善

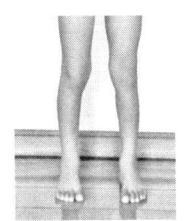

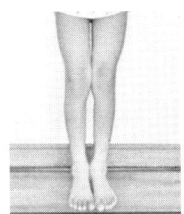

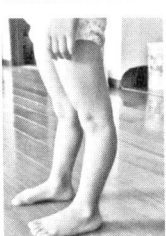

入園当初 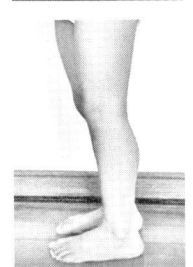　　1年3カ月後

〈写真の解説〉

入園当初

・両足を開いて立つ。
　膝が反り返り、転びやすい。

1年3カ月後

　膝の反り返りが改善され、転ばなくなった。

今まで長い間リハビリに通い続けましたが、あまり成長がみられずあきらめていましたが、「ゆうゆう」に通園してからは一日一日成長が感じられ、親が子どもの成長をあきらめないこと・子ども自身にできることは子どもに任せてさせていくことの大切さを学びました。
　表を見ても明らかですが、親として、薬に頼らずK自身の力で病気を治せる力をつけてあげることが必要だと夫婦で話し合っています。「ゆうゆう」に出会っていなかったら……以前のように薬漬けのKのままだったでしょう。そう思うとゾッとします。今では気持ちもとても楽になりました。これからも「継続は力なり」で、生活リズムを崩さず、笑顔を忘れずに、口を出さずに見守っていく……ということを肝に銘じて。

[Kちゃん父親の手記]
　1月から3月までの「ゆうゆう」への通園で確実にからだが丈夫になっているのがわかります。通園前はカゼをひくとすぐにゼイゼイになってしまい気管支炎による入院というケースがほとんどでした。「ゆうゆう」に通うようになってからは、風邪を引いてもゼイゼイにならず病院に行っても「胸の音はとてもきれいです」と言われるようになりました。じんま疹のほうも結局原因はわからなかったのですが、「ゆうゆう」に通うようになってからは0に近いぐらい出ていません。
　最近思うのですが、「ゆうゆう」に行って帰ってくるとからだの毒が抜けてからだの中からきれいになっていくような気がします。やはり規則正しい生活と食はとても重要なことだと感じています。今まで何種類も飲んでいた薬も今は2種類になり、薬がいらなくなる日も近いのではないかと期待しているこの頃です。
　顔の表情も通園前は病気がちな表情をしていたのですが、最近はとても豊かなよい表情をしています。背筋がのびて姿勢がとてもよくなり、からだつきも腰から大腿にかけて、とてもがっちりしてきました。前に比べて走るのがずいぶん速くなり追いかけるのが大変になってきました。手先もすごく器用になり、以前はたまねぎの皮がむけなかったのが最近ではしっかりむけるようになり、洗濯物もたためるようになりました。何かを握る

力もすごく強くなりびっくりしています。

　「ゆうゆう」に通う前は半ばあきらめていたような状態でしたが、「ゆうゆう」に通うようになり、あきらめてはいけないということを身にしみて感じました。「継続は力なり」そのとおりだと思います。これからもあきらめずに頑張っていこうと思います。

❾ ほめ方・叱り方には心を込めて

「ゆうゆう」で学んだこと

（保護者アンケートより）

- ほめる時も叱る時も、しゃがんで子どもの目線に合わせる。
- 普段は笑顔で、叱る時は"怖い顔"でと"メリハリ"をつける。
- 物を代償としてほめない。
- 親の笑顔が最高のご褒美なので、引き換えに何かを買ってやるとか食べ物を与えるとかせずに最高の笑顔を向けてほめる。
- 抱きしめてほめる時は、いつまでもベタベタ抱っこし続けないようにする。
- 過剰なほめ過ぎは、ほめられないと満足できない子どもに育ちやすく、ほめられたことしかやらなくなることがあるので気をつける。
- 決して体罰は与えない。
- 親の感情で怒らない。

ほめる時は…
[ほめる＋感謝の言葉を！]
子どもに顔を向け、目と目を合わせて
ニッコリ笑ってほめます。
ほうびは、食べ物やお金や品物ではなくて笑顔です！

- やらせるのではなく、できた時にほめてあげます。ただほめるだけではなく、感謝する「ありがとう」も言葉で表しましょう。
- 生活の中で親が、また関わる大人が「ありがとう」の言葉をかけていたら「ありがとう」を言える子どもに育ちます。
- 「上手、上手」というほめ言葉を連発しないようにしましょう。やたらほめすぎると、ほめられないと騒いだり、ほめられることだけをして、苦手で練習しなければならないことなどをやりたがらなくなる傾向があります。
- ほめる必要のないようなことまでほめていると、ほめられないと満足がいかなかったり、誰かがほめられた時にやきもちをやいて泣いたり騒いだりする子どもになることもあります。

> 叱る時は…
> ・怖い顔で子どもの目に目を合わせてダメなことは「ダメ！」と、はっきり伝えます。
> ・体罰はしません！
> ・叩かなくても言って聞かせれば、わかります。

[家庭で怒られてばかりいる子どもの場合]
- いつも怒られている子どもは自信をなくしていることが多く、友達にも大人にもわざと悪いことをしてみせて"叱られることで大人の注意を引く"という誤った行為をする場合があります。そのような時は、小さなことでもほめて心を満たすことで、行為や行動を直していきます。

悪いことをしたからと言って、ぶったり叩いたり、つねったりして悪いということを教えようとする人がいますが、子どもには体罰を受けたことだけが残り、心も傷つきます。また、体罰を受けている子どもは、自分より小さい子・弱い子に自分で受けた体罰と同じ行為をしやすく、他の子どもが被害を受けるケースもあります。

［悪い時は本人が謝まるということを教えます］
- 走りまわったりして誰かにぶつかったりした時は、親が謝るのではなく、子ども自身に謝らせましょう。
- 誰かの食べ物を食べてしまったり、誰かのおもちゃを勝手に持ってきてしまった時なども、子どもはわからないからしかたがない…ではなく、わからないと思われる子どもでもきちんと一緒に謝らせます。
- 叱られたからと子どもがパニックを起こして泣き叫んだりしても毅然とした（譲らない）態度を示します。
- 「ごめんなさい」と、言葉だけで謝らせることを繰り返していると、叱られた時はすぐに「ごめんなさい」だけを連呼してその場を逃げることを学習してしまうので気をつけましょう。
- 親が間違ったり、子どもとの約束が守れなかった時には、親も子どもに謝ります。

子どものほめ方を学んで

［Nちゃんの母親手記］

　「ゆうゆう」に入園するまでは、子どもに叱るばかりでほめることが少なかったように思います。「ゆうゆう」で愛情を持ってほめること、感謝することの大切さを学んだのですが、頭では理解しても子どもに対しては実際どう接したらよいのかわからず悩んでいました。

　午後の面談時に「生活の中で子どもにできそうなことをお母さんと一緒にさせることで、子どものできることが増えるし、ほめてあげることも増える」と教わり早速、今までは私が一人でしていた家事（洗濯物をたたむとか、野菜の皮むき等）を子どもにも一緒に手伝ってもらうようにしました。すると自然と子どもにも感謝をしてほめることが増え、子どももほめられることが嬉しいようで、頼まなくても自らお皿を運んだりしてくれるようになりました。またほめられたり感謝されることにより自信がついてきたようで、何事にも積極的になったように思います。

　何かできた時にほめられることも大事なことですが、手伝いなどをして

感謝されほめられることは、前者と違い人との関わりを生み、思いやりの心をも育て、小さなことでも役割りを持たせることで社会の一員としての子どもの自信にもつながるんだなと思いました。また子どもに家事を手伝わせることで、一人になってしまう時間が減り、子どもが飽きずにいられ、いたずらもほとんどしなくなり叱ることがだいぶ減りました。

　結果、いつも叱られてばかりで叱られても聞いているのかいないのかわからなかった子どもでしたが、以前よりきちんと聞くようになってきたように感じます。そしてなにより叱ることが減ったことで私自身がイライラすることがなくなり、優しい気持ちで子どもに接することができるようになりました。これからも子どものためだけではなく、自分のためにもたくさんほめることができるように実践していきたいと思います。

子育ての主導権は親が持つ

［S君の母親手記］

　子どもが2歳を過ぎても言葉がでないことに悩み、相談機関に相談に行きました。「男の子だから言葉の遅い子もいますよ。様子をみましょう」と言われ、私も2歳2カ月下に妹が生まれたための"ストレス"から言葉が出ないのではないかと思い、どんなことでもなんでもほとんど子どもの言いなりになっていました。そんな私に対して子どもは、気に入らないことがあるとぶちに来たり、顔を引っ掻いたりしました。それでも、それがストレスの解消になるのならと、されるがままになっていたために、私の顔は、顔中傷だらけになったこともあります。そんな子どもに私のほうが我慢できなくなり、自分でも驚くくらいヒステリックになり、逆に子どもをぶってしまうこともありました。子どもが母親である私に対して、ただおびえる姿を見て「なんてことをしてしまったんだ…」と、自己嫌悪におちいり、後悔と子育てへの自信喪失の日々を過ごしておりました。そんな苦しみの日々のなかで、紹介してくれる方があり、「ゆうゆう」に出会いました。

　入園してからの施設長との面談で、生活リズムを整えることの大切さや、

からだも言葉も発達にはみちすじがあることなどを学び、早速実践をしました。子どもをほめることが大切で、口うるさく言わずに、どんなに小さな成長でもほめるようにと言われ、そう心がけると１カ月ほどで以前よりはだいぶ改善されてきました。早起き・早寝をして食事も手作りするようになったので、行動面だけでなく、寝つきがよくなったり、嫌いだったものが食べられるようになったり、おしっこを告げられるようになったり、パンツやズボンを自分で脱ぎ穿きできるようになったり急激にできることが増えていきました。

ですが、引っ掻きやぶつなどは回数が減り改善されてきたものの、Ｓが眠くなった時や、妹が泣いた時に、Ｓは相変わらず私をぶったり私の顔を引っ掻いたり、つねったりしました。そんなＳを抱っこしてなだめるのですが、Ｓは、なだめている私の顔を更に引っ掻いたり、つねったりしました。私が怒ってＳをぶつと、Ｓが泣きます。泣いたＳが今度は父親をつねったり引っ掻いたりして、父親がＳを玄関から外に連れ出してやっと静まるといった状態でした。静まるのに30分くらいかかりました。

二度目の面談時にその行為について相談すると、「主導権は親が持つ」「ダメなことはダメ」（親が気持ちを揺るがせない）「毅然とした態度で」「口で言うだけでなく、きちんと目を見て叱る」「その場でその時に叱る」（後で叱っても子どもはわからない）「体罰はいけない」と教わりました。具体的には、「子どもがぶったり引っ掻きに来たら手を押さえて、ぶたせたり引っ掻かせたりしない」「Ｓが投げた物は、親が拾わずに一緒に拾わせる」「Ｓがわざとこぼしたり汚した物は一緒に片付けさせる」「パンツを下ろそうとしたら行動を止めて下ろさせない」など。その他のことは、騒いでも安全を確かめたうえでほっておいて行動がおさまったら一緒に遊ぶようにとのことでした。

早速、実践してみました。その結果、Ｓの困った行動が長引かずおさまるようになり、私自身が笑顔でいられる生活が多く持てるようになりました。妹も泣くことが減り、Ｓにもほめることが増え、とても嬉しく、心からよかったと感じております。

10 自傷行為・他害行為・気になる行為には惑わされない

〈ポイント〉困ったときこそ笑顔を大切に
※無視するという対処法だけでは止まりません。
　人と関わる楽しさと生活リズムを整えることが大きなポイントです。

[自傷行為・他害行為・気になる行為を根本的に無くすには…]
1．子どもの一日の生活リズムを整えること。
　（p.27～p.35 保護者に取り組んでもらうこと参照）
2．親や周りの大人が子どものことを"かけがえのない大切な存在なのだ"と心から思い、大変な時こそ子どもに笑顔を向けること。
3．乳幼児期の子どもにも"我慢する力"を身につけさせること。
4．子どもの力を信じ、立ち直りを待つこと。
5．笑い合って遊ぶことで、人と関わる楽しさを伝えること。
6．関わる大人が同じ対応をすること。

①自傷行為について

（自分を叩く／噛む／ひっかく／頭をぶつけるなどの行為）

- 自傷行為をし始めた時は安全を確認したうえで無関心を装って見守ります。（私たちは、この方法を『無視』と呼んでいます）。大人が驚いたり怒ったり困ったりすると、子どもはその行為が"簡単に注目を集める"ということを、学習してしまいますから驚きの声や困ったという態度や表情を表わさないようにします。関わる大人が同じ対応をし、子どもが自ら立ち直るまで待つことが大切です。
- 危険な場所で頭を打ちつけようとする時は、その行動を起こそうとしたその時点で、黙って行動だけを止めます。頭を叩いたり床や窓にぶつけたりしている時も黙って止めます。自傷行為をしても誰も驚かないし、自分の思い通りにはならないということをわからせるためです。
- 近くに複数の人がいる時は、一緒に楽しそうに笑って遊んでみせ、自傷

行為には無関心だということを装います。近くで大人や親や兄弟が意識的に楽しい遊びをして笑い合ってみせれば、『自傷行為よりも楽しいことがある』ということが伝わり、そういう場面を繰り返していくうちに自傷行為自体が減っていきます。
- 自ら立ち直ったら笑顔を向けて遊んであげましょう。子どもは愛されたいと願っています。楽しく一緒に関わる時間を作れば子どものこころが満たされ、自傷行為が無くなっていきます。

②他害行為について
（他人を叩く／噛む／ひっかくなどの行為）
- 叩かれたり、噛みつかれたり、引っかかれた時に「イタイ！」と大きな声をあげたり怒ったり大騒ぎをせず、黙って行動を止めましょう。大人が怒ったり騒いだりすると、その行為が"大人の注目を集める行為"だと学習してしまいます。怒られることでも大人の気持ちを自分の方に向けることになりますから、気を引く行為として繰り返すようになり易いです。
- また、叩いたり噛んだりのお返しはしません。親や関わる大人に叩かれたり噛まれたりすると、自分より小さな子どもや弱い子どもに同じことをするようになり易いからです。子どもにわからせて止めさせようと、子どもにされたことをお返しして痛さを教えようとしても、子どもには親や関わる大人に叩かれたことや噛まれたことだけしか残りません。叱るよりも「大好きだよ」と抱きしめてこころを満たしてあげましょう。

③気になる行為について
（奇声をあげる／パンツを下ろす／性器いじり／指すいなどの行為）
- 対応は自傷行為や他害行為の時と同じです。黙ってその行為・行動を止め、手遊びなどの遊びに誘いましょう。言葉で注意をすると大人の注目を集める行為として頻繁にするようになり易いです。子どもに笑顔を向け、一緒に遊んだり一緒にお手伝いさせたりして、子どもの心が満たされるような場面をふやしてあげましょう。気になる行為は、大人が気にしなくなった時におさまっていることが多いです。

事例1　自傷行為で困っていたりゅう君の場合

[りゅう君母親の手記]

　りゅうは小頭症で生まれました。

　首の座り…4カ月・寝返り…7カ月・はい始め…8カ月・歩行…2歳4カ月、と遅いながらも歩き始めたりゅうでしたが、月日が経つほど気になる問題行動が出てきました。

　そのひとつは睡眠です。生後1カ月から3歳7カ月まで（「ゆうゆう」に入園するまで）は寝ない子で、寝ついても親が側にいないとすぐ起きてしまう眠りの浅い子どもでした。生後1カ月で目の周りなどに湿疹が出始め6カ月でアトピー性皮膚炎と診断されました。それからは睡眠中もかゆがり、髪の毛をむしったりからだをかきむしり…と、夜中に何度も起きていました。夜の睡眠が確保されていないので、朝は定時に起こさず子どもが起きた時間が起床時間だったので、起床時間はバラバラでした。

　河添先生の18項目に沿った生活を取り入れ、「ゆうゆう」に入園してからは、数日で生活リズムが整い、起床・就寝時間が一定になりました。夜の睡眠も整い、夜中に何度も起きなくなり、3カ月ほどで添い寝もせずに寝つけるようになりました。

　もうひとつ大きな問題は、アトピー性皮膚炎が出始めた頃と同じくらいの時期から、気にいらないことや嫌だと思うことがあると意思表示として、頭を床に打ちつけるとか、からだをそり返らせ、加減をせずに後にそのまま倒れるという行動をどこででもするようになったことです。私は、ビックリして慌てて止めさせようとしました。親が動揺し慌てると子どもは親の反応を見て何度もやるようになりました。道路のアスファルトの上だろうが、床だろうが、コンクリートだろうが、どこでも思いっきり強く倒れ込むので怪我をさせてはいけないと思い、その都度抱きかかえるのですが、すごい勢いで腕の中でも暴れまくりました。

　今井先生から親の対応を変えることが大切、とアドバイスいただき、教わったとおり危険な場所で頭を打ちつけようとしたりする時は、頭を打ちつける行動を起こす前に止めさせ、家の中では子どもの問題行動を見ても

気にしていないそぶりをし、動揺し慌てないようにわざと娘や主人と楽しそうに笑って遊んでみせたりしました。そんな親の変容にりゅうも自傷行為をやっても意味がないと悟ったのか、いつの間にかしなくなりました。それは入園してから3カ月後くらいで、りゅうが夜中に目覚めなくなり睡眠が整い、大人と同じ食材を食べられるようになり、水も飲めるようになった頃でした。同時に認識力と言語力もついてきました。そして、何より表情が良くなり、笑顔を見せて声を出してよく笑うようになりました。

　親の対応だけではなく、子ども自身の睡眠を整え、食事の質も大切で、よく身体を動かして楽しく遊ぶ、それら生活リズムを整えなければ障がいや弱さは変わらないということを、子どもからも学びました。

　その後も親が余裕のない時、疲れて笑顔のない時や、問題行動を起こしてほしくない時に限ってやったりしました。でも、先生から「困ったことは困らない」「困った行動は親が気にしなくなった時になくなるよ」と言われましたがそのとおり、親が気にしなくなった頃からしなくなってきました。自傷行為をしようとしても、その都度見ないふりをして軽く流し、子どもに笑顔を向けていると、りゅうも自分で立ち上がり何事もなかったようにしていました。その行動を見て、親を試しているだけとわかり、その後は安心して笑顔を向けていられるようになりました。親が重く捉えると、子どもの自傷行為は止まらず酷くなったように感じます。

　生活リズムを整え、このような対応を繰り返していくなかで、親が子どものことを信じ、心から可愛いと思え、親の意識の中で自傷行為問題が気にならなくなった時、本当になくなっていたのです。

R君の一日のすごしかた

入園前		入園後
	6：00	起床
	20	散歩
	7：00	朝食
起床	7：30	
朝食	45	
室内遊び	8：00	
テレビ（8：30）	8：45	登園
	9：00	↑
（ミニカー・積木・絵本）	10：00	ゆうゆうでの生活
散歩	11：00	
昼食	12：00	昼食（お弁当）
午睡	13：00	
姉の幼稚園迎え	14：00	
外遊び	15：00	帰宅 ↓
テレビ	16：00	室内遊び
	30	外遊び
	17：00	室内遊び・絵本
	18：00	夕飯
夕飯	45	親子遊び
	19：00	
	15	入浴・絵本
入浴・絵本	20：00	就寝
就寝	21：00	

11 これが"ゆうゆうの保護者"です

[修了文集より歴代保護者会長の原稿抜粋]

「キャッハッハッハ」「ワッハッハッハ」「やだぁ～おもしろい！」「うちの子なんてさぁ…（笑）」「うちのだんななんてさぁ…（笑）」（だんな様方ごめんなさい！）「ゆうゆう」の母たちはいつもこんな感じです。誰かがしゃべれば笑いがおきる。行事があれば「なんか子どもたちより私たちが一番楽しんでない!?」これが障がいをもつ子どもと向き合っている母たちの顔なのかと思ってしまうくらい、みんな笑顔で溢れています。これが「ゆうゆう」を選んだ母たちの姿なのです。

でも振り返れば、「ゆうゆう」に入園した日に、笑顔を浮かべられる母なんて一人もいませんでした。不安な顔、疲れた顔、強がった顔……みんなそれぞれ重いものを背負って入園したのです。

そんななかでも笑顔は伝染します。「ゆうゆう」はまず先生が笑っています。しかも大笑い！　そして、継続児の親子が笑っています。「子どもが絶対変わるよ！」その自信のある先生や在園児の笑顔につられて、新しく入った子どもたちがニコリとするようになります。すると、その笑顔が嬉しくて母たちが笑います。母が笑えば、子どもたちはもっともっと笑顔になります。これを毎日繰り返しているのです。そして、気付いたらみんなが笑っているのです。それが「ゆうゆう」なのです。

私が前年度の保護者会長さんから引継ぎを受けたとき、「『ゆうゆう』の保護者会の伝統は引き継いでね」と言われました。そのときは正直「伝統ってなんだろう…」と考えてしまいました。私は息子Sが一人目の子どもなので、他の幼稚園、保育園の保護者会がどういうものなのかわかりませんでした。でも今年、妹のHが私立保育園に入り、自分がどれだけ「ゆうゆう」の保護者の皆さんに支えてもらっていたのかよくわかりました。

「ゆうゆう」の保護者は、私が悩んでいるときは、一緒に考えてくれます。困っているときは手を貸してくれます。子どもの成長を喜ぶとき、隣でみんなも涙して喜んでくれます。時には子どものためにと叱咤激励もありました。お弁当当番の時は、「みんな残さず食べてくれるかな？」とド

キドキしながらお弁当を作り、毎日の午後活動で子どもと関わりあい、登降時には「今日は歩けているね」と声をかけ合う。山登りでは「今日はこんなに登れたね」と、共に達成感を味わいます。

　自分の子どもを「うちの子すごいでしょ！　かわいいでしょ！」と自慢しちゃうのも「ゆうゆう」の母ですが、他の子どもの成長に気づいて喜び合うのも「ゆうゆう」の母たちなのです。私が5年半という間「ゆうゆう」に通い続けてきて、その保護者の姿はいつの代も変わらず、これこそが伝統だと今思うのです。

　そして今年度もたくさんの保護者の方と出会い、笑い合い、たくさんのことを学ばせていただきました。そして今井先生はじめ諸先生方の笑顔がすべての土壌になっていることを改めて感じています。「ゆうゆう」は笑顔生産畑です。母たちが願うのは子どもが「生まれてきてよかった！　こんなに楽しい！」と笑顔を見せてくれることではないかと思います。「ゆうゆう」の先生方にはその笑顔が自然に作られていく行程をいろいろな面から教えていただきました。

　体が不自由だから笑えないのではない
　知的に遅れがあるから笑えないのではない
　自閉症だから笑えないのではない

　母が子どものことを、「だ〜い好きだよ」「可愛い」「大丈夫」「大事な私の子ども」と心から笑いかければ、子どもは笑顔を返してくれるようになるのです。子どもを信じた時に子どもが変わるのです。

　これからも早起き・早寝、そして朝の散歩を基本とした生活リズムを崩さないよう継続しながら「ゆうゆう」での出会いを大切に、我が子とみんなの更なる成長を願って前進していきます。

　「ゆうゆう」を想う時、学生時代の部活動と想いが重なります。ひとつの目標に向かって皆と過ごしていた。周りの遊んでいる子を「いいな…」なんて羨ましく思ったり、でも強くなりたい一心で頑張ってたっけ…。でも、あの同じ時間を共有した友達や先生のことは今も強く残っているし、とても重みのある時間だったと思います。

「ゆうゆう」で河添理論に出会い、私達の生活は大きく変わりました。生活を変えるということは簡単なことではなかったけれど、子どもの急激な成長に背中を押されるように毎日取り組んできました。それでも時間と共に壁にぶつかり問題が起こったりする。なんだか頑張った分、落胆も大きく、途方にくれてしまいそうになる。でも、「ゆうゆう」の先生達は何をやっても駄目なように見えるときでも、決してあきらめない。あの手、この手でどうしたらよいか模索してくれる。一番厄介な部分を親と一緒に請け負ってくれるのです。そんな心も体もタフな先生達と大きな可能性を秘めている我が子を見ていると、私達親も強くなりたい、自分が変わらなければ…とそんな気持ちになるのです。

　保護者会では仲間が加わるたびに毎回全員自己紹介をします。新しい保護者の方も自分の子どもの成長を説明します。話しながら泣いてしまう人もいます。私も泣きそうになるのをこらえながら話しました。でも私の話を聞いて「大変だったね。でも大丈夫だよ。『ゆうゆう』は絶対変わるから。うちだって○○だったんですよ。うちの子なんて…」と、一言ひとことが嬉しかったのを忘れられません。自分の子どもの話を人にこんなに話たのは初めてだったのですが、すごく楽になりました。それなので今でも自己紹介の時は少しでも、新しく入った方の不安を取り除いてあげられたらと思って、自己紹介をしてます。

　でも勘違いしてはいけないのが、「ゆうゆう」に入れば大丈夫ではなく、「ゆうゆう」の先生方と一緒に、家族で、河添18項目を実践していかなければならないことです。母だけでなく、父親も一緒にです。「ゆうゆう」と、"家族"で実践してこそ子どもが成長するのです。これは実践して実際に感じたことです。先生方の指導でももちろん大きな成長はありますが、親も実践することで更にプラスされるのです。親が手を抜けばそこまでです。でも、必ず結果はついてきます。

　「指導員が仲よくないと子どもは育たない！」これは個人面談の時の今井先生のお言葉ですが、毎日関わっているとよく理解できますし、特に

「運動会ごっこ」や「クリスマス会」などの季節の行事に参加させてもらった時に実感できます。

今井先生はじめ指導員の先生方５人が、司会進行から音響係、大道具、小道具、時には黒子の係までを抜群のチームワークとフットワークでこなし、楽しませてくれます。このコンビネーションは長年の信頼関係の成せる技だと、いつも感嘆しています。

しかも「普段の活動重視」という先生の"信念"から、発表のために通して練習するのは１回か２回というのに、本番でバッチリ（？）決めてくれる子どもたちも素晴らしいですし、そこまで持っていってくれる先生方の"力"には、毎回本当に驚きです！

この和気あいあいの温かい環境の中だからこそ、"ゆうゆうっ子"たちは伸び伸び育ち、障がいを軽減していけるのだと思います。

仲がよいといえば、今年度の午後活動も、みんなで車を連ねて、群馬の森、八幡山、あっちこっちのプール…と、よく出かけました。

ふわふわドームで、子どもそっちのけで、奇声（？）を上げ、走り回る母達は、きっとドーパミンが全開で放出されていたと思います。「親が楽しければ子も楽しい」です。いつもみんなの笑顔が弾けていました。思い出がいっぱいです。

子どもに障がいがあって、私がどん底になっていた頃、「チャイルドハウスゆうゆう」を知り、「ゆうゆう」の人達とめぐり逢いました。そして、普通の幼稚園や保育園で味わうことのできないことを経験させていただきました。

今まで、こんなに先生と保護者が一体となって子どものためにいろんなことを話し合ったりすることもありませんでした。そして本当に困った時、すぐ力になってくれる人も、今までの出会いのなかではいませんでした。「ゆうゆう」に入園したことにより、私は素晴らしい人達とめぐり会って、そして多くの経験をさせてもらい、私は我が子"Ｓ"に感謝しています。

人、それぞれ考え方は違いますが、「ゆうゆう」に入園してくる家族は

皆同じです。発達の遅れ、障がいの重さは違っても、"子どもを伸ばしてあげたい"という気持ちは一緒です。「ゆうゆう」の先生方と保護者が一丸となって、子どもの将来への自立、障がいの軽減という目標に取り組んでいるからこそ、大きな成果がでてくるのだと思います。

　泣いてばかりだった子が、笑顔が似合いかわいさ２倍。偏食が強かった子も、今では何でも食べられ元気モリモリ。お水が飲めなかった子も、今ではゴックン、ゴックン風邪知らず。動こうとせずハイハイもできなかった子も、今では山登り。言葉が出ていなかった子も、今では表情豊かにお当番でしっかり挨拶。などなど…子どもたちの成長はすごいです。

　子どもの進歩に気付くたびに、嬉しくなり親自身も成長してきたと思います。初めは、散歩、山登り、合宿などと聞くと、どの家庭も不安だったと思います。でも、先生方のサポートを受け適度の緊張感と楽しむ時は目一杯楽しく、大人も子どものようにはしゃぎ、活動を楽しみました。楽しくできるからこそ「ゆうゆう」ですね。

　もうひとつ、「ゆうゆう」といえば、四季折々の手作りプレゼント。毎年デザインの違うひな人形や、パスタ、どんぐり、松ぼっくりで作ったクリスマスリース。父の日、母の日の写真立てやペン立て、マットなどとても嬉しく今でも大切にとってあります。なかでも、サンタ姿の子どもの写真には、年ごとに表情も変わり、顔や様子から成長がはっきりわかり、感動が２倍、３倍にもなりました。

　手作りプレゼントで心が和み、また頑張ろう！　と勇気づけられました。「ゆうゆう」でたくさんのパワーをもらい、家族みんなが元気になりました。

　「ゆうゆう」に入園してたくさんの保護者の方に出会いました。在園の保護者はもちろん卒園された保護者にもダベリング会や、合宿、こまくさの山登りなどで出会いました。毎月コーラスの指導をしてくださる"鳥屋さん"・ピアノの小山さんも開園して間もない頃にお子さんが通われていた方ですし、入園式では高校生にもなる卒園児と出かけてきてくださったり、近くに来たから寄りました、お下がりのお洋服があるから在園の子で

分けてくださいと届けに来てくれたり、新しく家族が増えて報告にきてくれたり…。そのたびに先生は「よく来てくれたわね。はいパチリ」と写真をとったり、庭先の畑で作っている新鮮な野菜のお土産を手渡したり…。

　私も幼稚園教諭を7年していましたが、卒園してから園にくる親子なんて下に兄弟がまだ在園しているとか、ランドセル姿を見せにくるとかほんの数人です。ましてや中学、高校になってからなんてまずありえませんでした。でもそれが「ゆうゆう」ではごく普通に見られる光景なんです。これって本当にすごいことだなと思います。

　「ゆうゆう」では他の子どものお弁当も母親がお当番で作ってきます。午後の活動もみんなでします。山登りもみんなで歩きます。朝も園から離れたところに車を置き、そこから親子で歩きます。

　お弁当当番では「○○ちゃんはご飯は少なめだよね」「もう○○君は箸も使えるんだ〜」「○○君は○○が苦手なんだよね」など他の子どものいろんなことがわかります。午後活動や山登りでは楽しく会話したり、「○○君はこんな遊びが好きなんだ」と発見したり、一人ひとりの体力、気力を見ることができたりします。

　朝の登園では「おはよう！」と挨拶をしあい、泣いてぐずっている子がいると「○○さん荷物持って行ってあげるよ」と、声をかけてくれ、下の子を連れていれば「先におばちゃんと行ってようか！」と、親が暴れて泣いている子どもだけに関わればいいように手助けをしてくれます。私も何度も助けてもらいました。「ゆうゆう」の保護者は自分の子どもだけでなく、他の子どもにも愛情をそそいで接していると思います。だから運動会やクリスマス会などでは他の子の成長をみても涙してしまう……なんてことがあるんだと思います。他の親子の頑張りや努力を知っているから他の子の成長も嬉しいのです。保護者だけではありません。退職された先生方も行事の時は子どもたちの成長を楽しみに出かけてきて下さいます。「ゆうゆう」を巣立った子どもも、その親も、職員もみんないつまでもつながっているのが「ゆうゆう」だと思います。

おわりに

　「チャイルドハウスゆうゆう」では、開園した19年前から、河添邦俊先生の提唱なさった河添理論（『眠ることの大切さ』『食べることの大切さ』そして、『日中に笑顔で向かい合う楽しい遊びの大切さ』）を学び、実践にうつしてきました。先生がお亡くなりになられてからも変わらず継続しています。
　開園当初は、生活のしかたを変えただけで、短期間に子どもがこれほどまでに変わるとは思いもしませんでした。けれど、さまざまな問題をかかえている子どもたちが、「ゆうゆう」で同じ遊びを楽しみ、それぞれの家庭が生活リズムを整えるために早寝・早起き・朝の散歩…と、努力を重ねていく中で、どの子どもも育っていったのです。通園する子どもだけではなく、兄弟姉妹や家族全員が朝スッキリ目覚められるようになったり、便秘が解消されたり、風邪を引かなくなったりと健康になりました。
　生活リズムが整い、筋力がつくと人間はこんなにも変わるものかと驚くばかりです。がしかし、短期間に変わりはしますが継続をし続けないと筋力はすぐ落ちてしまい、できるようになったことでも後退してしまうということも確かな事実でした。
　この19年間には130人を超える子どもたちとの出会いがあり、子ども一人ひとりから接し方・介助のしかた等を学ぶとともに子どもたちから育ててもらいました。同時に、子どもには父母の関わり方がどれ程影響するかも痛感してきました。どの子どもにとっても父母（特に母親）が一番の存在で、日中に関わる私たちがどんなに力を尽くしても及びません。
　そこで、「ゆうゆう」では毎日子どもの様子を連絡ノートでやり取りする他、毎月保護者会を開き保護者同士の交流を深め、午後の保護者面談に

心を込め、更に年に3回の親子合宿を開き父親にも兄弟姉妹にも参加してもらい、家族の笑顔を引き出すことに心を注いできました。

　また、「ゆうゆう」では初年度から、年度末ごとに一人ひとりの成長をまとめ、河添先生に（1995年に邦俊先生が亡くなられてからは幸江先生に）お送りし、ご指導いただいて参りました。初年度には成長記録の返信に、邦俊先生から、「眠りが保障できないのであれば障がいを軽減しようと思わないほうが良い」「眠りの次に大事にしなければならないのは表情です」「自分の言葉で語れるようになった時に初めて本物になる」という内容のお手紙をいただきました。それ以来、子どもからも親からもいかに笑顔を引き出すか、"大切なのは笑顔"と心に刻み込み向かい合って参りました。10周年時（1999年）には、幸江先生を交流合宿にお招きし、それぞれの家庭の実践を報告し、助言をいただきました。

　群馬県の『河添理論を学ぶ会』では、邦俊先生亡き後はご息女の丸山美和子先生をお招きしての講演会と幸江先生をお招きしての実践報告会を毎年開いており、一昨年（2008年）7月、発足30周年を記念して河添家3代【河添幸江先生（河添育児学研究所所長）・丸山美和子先生（佛教大学

「河添理論を学ぶ会」発足30周年記念『河添3代講演会』より
向かって左より、丸山美和子先生、丸山啓史先生、河添幸江先生。

教授)・丸山啓史先生(京都教育大学講師)】の講演会を開催しました。その折に先生方に本にまとめる約束をいたし、今回形となりました。

　この本のために、初年度からまとめてある成長記録や合宿の感想文や修了文集を読み返してみましたが、どの子どもの成長も一人で一冊の本になるくらいの内容で、"子どもは必ず変わる""子どもの誰もがより良く育ちたいと願い、育つ"という事実が書かれてあり、ここに掲載したい事例ばかりでした。そしてそこには、真夏の暑さのなか汗ダクになりながら、また冬の寒さのなか、北風に吹き付けられながら、一日も休むことなく手抜きすることなく朝の９時からという時間を大切に、子どもたちと向かい合ってくれた真面目で誠実で一生懸命な指導員たちの愛が刻まれていました。私たちはその感動を共有してきたのです。

　保護者をはじめ、たくさんの方々のご意見・ご協力をいただきながらこの本はできあがりました。片桐弥生さん(河添邦俊先生の教え子／山形学園園長)には、一緒に原稿を読み合わせるなかで、河添先生から直接学ばれた知識を織り込んだアドバイスを何度もいただき、新木壽一先生(元伊勢崎養護学校校長)には最初の構成から、今泉香里さんには保護者の立場からのたくさんのご助言をいただきました。感謝の気持ちでいっぱいです。また、カバー画や本文イラストも保護者が描いてくれました。河添先生のために実践集を世に出したいという私の思いと「ゆうゆう」皆の願いを汲んで出版決定をしてくださった大月書店様、たびたびの変更文に辛抱強くお付き合いくださった編集部長の松原忍氏に心からお礼申し上げます。

　子どもの発達と生活リズムの大切さ・障がい児の発達研究に生涯をかけられた故河添邦俊先生に、そして先生といつもご一緒に講演活動をなさり邦俊先生が他界されてからも、全国に河添理論を提唱し続けている奥様の幸江先生に、また、勤務地の大学生にだけではなく、全国の要望に応え河添理論を基盤とした子どもの発達について講演活動をなさっておられ、思いがけず本書の監修をいただきましたご息女の丸山美和子先生に、心を込めて感謝の気持ちをお贈りしたいと思います。

元気ゆうゆうの歌

作詞 ： 滝澤　俊幸・由美
作曲 ： 北爪　幸作
編曲 ： 今井　寿美枝

1. 6時に起きて　散歩　散歩
　　9時になったら　運動
　　夜は　家族で　はいはい
　　ゆうゆうゆうっ子　元気だな

2. 膝をついて　はいはい
　　おしりを上げて　高ばい
　　お腹をついて　ワニばい
　　はいはいはーいの　3パターン

ゆうゆうの手作りプレゼント

①お誕生日カード

材料
- 色画用紙
- 子どもの顔写真

②おひなさま

材料
- トイレットペーパーの芯
- 障子紙
- 色画用紙
- 絵の具
- 段ボール紙
- 折り紙

③クリスマスリース

材料
- シュレッダーした紙
- 新聞紙の色のついた部分
- まつぼっくり
- 段ボール紙

④バレンタインデイ・クッキー箱

材料
- 牛乳パック
- 色画用紙
- シール
- 余りの布

参考文献

『イラストでみる乳幼児一日の生活のしかた』(河添邦俊・河添幸江著、子ども総合研究所出版部、1991 年)

『どの子もすばらしく育つみちすじ』(河添邦俊・河添幸江著、ささら書房、1986 年)

『イラストでみる向かい合い子育て』(河添邦俊監修・丸山美和子・河添幸江編、ささら書房、1983 年)

『「障害児保育」のみちすじ』(河添邦俊著、ささら書房、1995 年)

『発達のみちすじと保育の課題』(丸山美和子著、あいゆうぴい、2002 年)

『どう考えるおねしょ・指すい・かみつき』(丸山美和子著、大阪保育研究所編、フォーラムA、1996 年)

『育つ力と育てる力』(丸山美和子著、大月書店、2008 年)

監修者略歴

丸山美和子

(まるやま・みわこ) 佛教大学・社会福祉学部社会福祉学科教授。広島大学教育学部卒業。大阪教育大学修士課程修了後、東大阪市教育研究所研究主事として、発達相談・研究に従事。1988年から現職。

編著者略歴

今井寿美枝

(いまい・すみえ) 1954年生まれ。群馬県立保育大学校卒業。児童養護施設「地行園」に勤務、その後、吉岡町第4保育園主任保母を経て、1992年、「チャイルドハウスゆうゆう」(NPO、0歳～6歳の発達の遅れや障がいのある子どもたちの児童デイサービス事業施設) を開園、現在施設長。群馬県幼児教育センター保育アドバイザー。群馬県レクリエーション協会理事。国立赤城青少年交流の家非常勤講師。

●カバー画・本文イラスト　荒川　晶栄
　本文イラスト　土屋有貴子

生活とあそびで育つ子どもたち

2010年7月12日　第1刷発行
2015年12月18日　第5刷発行

定価はカバーに表示してあります

●編著者──今井寿美枝
●発行者──中川　進
●発行所──株式会社　大月書店
〒113-0033　東京都文京区本郷2-11-9
電話 (代表) 03-3813-4651
振替 00130-7-16387・FAX03-3813-4656
http://www.otsukishoten.co.jp/
●印刷──三晃印刷
●製本──中永製本

©2010　Printed in Japan

本書の内容の一部あるいは全部を無断で複写複製 (コピー) することは法律で認められた場合を除き、著作者および出版社の権利の侵害となりますので、その場合にはあらかじめ小社あて許諾を求めてください

ISBN 978-4-272-41208-2　C0037

●これだけは知っておきたい発達のみちすじと子育て
育つ力と育てる力
乳幼児の年齢別ポイント
丸山美和子著
0歳から5歳の各段階における子どもの新しい力の誕生を具体的に示し、そのみちすじをわかりやすく解説します。そのうえで、親や保育者は何を大切にし、どうかかわるかを明らかにします。　Ａ５判・1700円

子育てと健康シリーズ

① このままでいいのか、超早期教育　　汐見稔幸
② 子どもの心の基礎づくり　　石田一宏
③ 「寝る子は育つ」を科学する　　松本淳治
④ おむつのとれる子、とれない子　　末松たか子
⑤ からだと脳を育てる乳幼児の運動　　矢野成敏
⑥ アトピー対策最新事情　　末松たか子＋安藤節子＋沖山明彦
⑦ おかしいぞ 子どものからだ　　正木健雄
⑧ ダウン症は病気じゃない　　飯沼和三
⑨ 自閉症児の保育・子育て入門　　中根　晃
⑩ 統合保育で障害児は育つか　　茂木俊彦
⑪ 子育て不安の心理相談　　田中千穂子
⑫ 気になる子、気になる親　　村井美紀
⑬ 多動症の子どもたち　　太田昌孝
⑭ 指しゃぶりにはわけがある　　岩倉政城
⑮ 子どもの生きづらさと親子関係　　信田さよ子
⑯ 食べる力はどう育つか　　井上美津子
⑰ 子どもの障害をどう受容するか　　中田洋二郎
⑱ チックをする子にはわけがある　　NPO法人日本トゥレット協会
⑲ 揺さぶられっ子症候群と子どもの事故　　伊藤昌弘
⑳ 子どものこころとことば育ち　　中川信子
㉑ 医療的ケアハンドブック　　横浜「難病児の在宅療育」を考える会
㉒ 子どもがどもっていると感じたら　　廣嶌　忍／堀　彰人
㉓ 保育者は幼児虐待にどうかかわるか　　春原由紀／土屋　葉
㉔ 季節の変化と子どもの病気　　伊東　繁
㉕ 育てにくい子にはわけがある　　木村　順
㉖ 軽度発達障害の理解と対応　　中田洋二郎
㉗ 育つ力と育てる力　　丸山美和子
㉘ こどもの予防接種　　金子光延
㉙ 乳幼児の「かしこさ」とは何か　　鈴木佐喜子
㉚ 発達障害児の保育とインクルージョン　　芦澤清音
㉛ かみつく子にはわけがある　　岩倉政城

A5判●本体各 1300円〜1600円